Treffpunkt Dialog
Sprechtraining A1 / A2 / B1 / B2

von
Ludwig Hoffmann

Ernst Klett Sprachen

Stuttgart

Von
Ludwig Hoffmann

Redaktion: Annalisa Scarpa-Diewald
Gesamtkonzept und Layout: Andrea Pfeifer
Umschlaggestaltung: Studio Schübel, München
Coverfotos (von oben nach unten): © Robert Kneschke, fotolia.com; © Kzenon, fotolia.com;
© Subbotina Anna, fotolia.com; © Christian Schwier, fotolia.com
Illustrationen: Nikola Lainović

1. Auflage   1 8 7 | 2023 22 21

© Ernst Klett Sprachen GmbH, Rotebühlstraße 77, 70178 Stuttgart, 2017
© der Originalausgabe: Klett-Langenscheidt GmbH, München, 2014

Satz: Franzis print & media GmbH, München
Druck und Bindung: Elanders GmbH, Waiblingen

ISBN 978-3-12-607125-3

Inhaltsverzeichnis

Einleitung

Welches Ziel verfolgt **Treffpunkt Dialog**?

Die Arbeitsblätter in **Treffpunkt Dialog** trainieren das (freie) Sprechen. Die Teilnehmer wiederholen den Lernstoff und automatisieren sowohl wichtige Redemittel als auch grammatische Strukturen.
Darüber hinaus fördern diese Übungen die Kommunikation im Kursraum und das selbstständige Lernen der Teilnehmer.

Wie funktionieren die Übungen in **Treffpunkt Dialog**?

Die Arbeitsblätter in **Treffpunkt Dialog** bestehen immer aus jeweils zwei Teilen, einem Arbeitsblatt A und einem Arbeitsblatt B. Die Teilnehmer A und B arbeiten entsprechend den Arbeitsanweisungen zusammen.
Wenn dieses Symbol vorkommt , dann sollen die Teilnehmer ihre Partnerin bzw. ihren Partner nach den fehlenden Informationen fragen.

Für welche Niveaustufen eignen sich die Arbeitsblätter in **Treffpunkt Dialog**?

Die Übungen in **Treffpunkt Dialog** sind konzipiert für die Stufen A1 (Kap. 1–12), A2 (Kap. 13–24), B1 (Kap. 25–36) und B2 (Kap. 37–48).

Kann man die Übungen in **Treffpunkt Dialog** begleitend zu jedem Lehrwerk einsetzen?

Ja, die Übungen in **Treffpunkt Dialog** können selbstverständlich kursbegleitend zu jedem Lehrwerk dieser Niveaustufen eingesetzt werden. Zu Berliner Platz NEU (Band 1–4) bieten sie eine ideale Ergänzung, da es zu jedem Kapitel der 4 Bände eine genau zugeschnittene Übung gibt.

Welche Vorteile bieten die Arbeitsblätter in **Treffpunkt Dialog**?

Die Übungen in **Treffpunkt Dialog** können praktisch ohne Vorbereitung eingesetzt werden.
Sie sind in der Praxis erprobt. Und sie bringen in jeden Klassenraum mehr Spaß, mehr Abwechslung, eine bessere Atmosphäre, mehr Freiraum für die Lehrkraft und und und …
Probieren Sie es einfach aus.

Übersicht über die Kapitel

Arbeitsblätter zur Stufe A1

Arbeitsblätter zur Stufe A2

Arbeitsblätter zur Stufe B1

Arbeitsblätter zur Stufe B2

Woher kommt Rosa?

Woher kommt Rosa?	Sie kommt aus Bolivien.
Was spricht Robert?	Er spricht Englisch und Spanisch.
Wo wohnt Boris?	Er wohnt in Hamburg.
Woher kommen Sie / Woher kommst du?	Ich komme aus …
Was sprechen Sie / Was sprichst du?	Ich spreche …
Wo wohnen Sie / Wo wohnst du?	Ich wohne in …

Wie bitte?　　*Wie schreibt man das?*

	Land	Sprachen	Wohnort
Robert	aus den USA	Englisch Spanisch	
Rosa			Berlin
Boris			Hamburg
Samira	aus Marokko	Arabisch Französisch	
ich			
mein/e Partner/in			

Woher kommt Rosa?

Woher kommt Rosa?	Sie kommt aus Bolivien.
Was spricht Robert?	Er spricht Englisch und Spanisch.
Wo wohnt Boris?	Er wohnt in Hamburg.
Woher kommen Sie / Woher kommst du?	Ich komme aus …
Was sprechen Sie / Was sprichst du?	Ich spreche …
Wo wohnen Sie / Wo wohnst du?	Ich wohne in …

Wie bitte?   *Wie schreibt man das?*

	Land	Sprachen	Wohnort
 **Robert**			Frankfurt
Rosa	aus Bolivien	Spanisch Portugiesisch	
Boris	aus der Ukraine	Ukrainisch Russisch	
Samira			Köln
ich			
mein/e Partner/in			

Wie ist die E-Mail-Adresse von Lena Drescher?

Wie ist die Postleitzahl von …?	Die Postleitzahl von … ist …
Wie ist die Telefonnummer von …?	Die Telefonnummer von … ist …
Wie ist die Handynummer von …?	Die Handynummer von … ist …
Wie ist die E-Mail-Adresse von …?	Die E-Mail-Adresse von … ist …
Wo wohnen Sie? / Wo wohnst du?	Ich wohne in …
Wie ist Ihre/deine Telefonnummer/…?	Meine Telefonnummer/… ist …

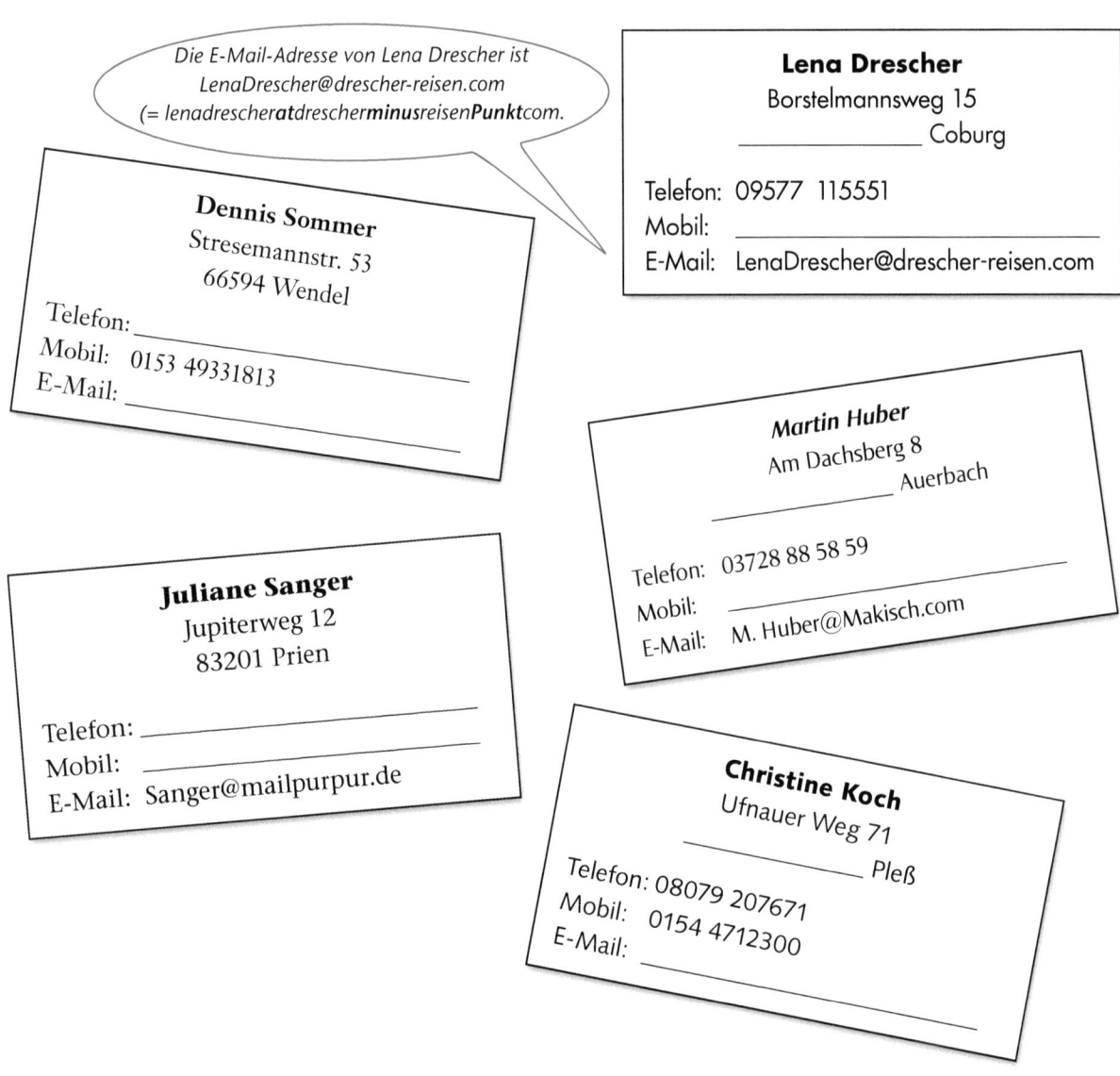

*Die E-Mail-Adresse von Lena Drescher ist
LenaDrescher@drescher-reisen.com
(= lenadrescher**at**drescher**minus**reisen**Punkt**com.*

Lena Drescher
Borstelmannsweg 15
_____ Coburg

Telefon: 09577 115551
Mobil: _____
E-Mail: LenaDrescher@drescher-reisen.com

Dennis Sommer
Stresemannstr. 53
66594 Wendel

Telefon: _____
Mobil: 0153 49331813
E-Mail: _____

Martin Huber
Am Dachsberg 8
_____ Auerbach

Telefon: 03728 88 58 59
Mobil: _____
E-Mail: M. Huber@Makisch.com

Juliane Sanger
Jupiterweg 12
83201 Prien

Telefon: _____
Mobil: _____
E-Mail: Sanger@mailpurpur.de

Christine Koch
Ufnauer Weg 71
_____ Pleß

Telefon: 08079 207671
Mobil: 0154 4712300
E-Mail: _____

Meine Visitenkarte:

_____
_____
_____

Telefon: _____
Mobil: _____
E-Mail: _____

Visitenkarte Partner/in:

_____
_____
_____

Telefon: _____
Mobil: _____
E-Mail: _____

Wie ist die E-Mail-Adresse von Lena Drescher?

Wie ist die Postleitzahl von …? | Die Postleitzahl von … ist …
Wie ist die Telefonnummer von …? | Die Telefonnummer von … ist …
Wie ist die Handynummer von …? | Die Handynummer von … ist …
Wie ist die E-Mail-Adresse von …? | Die E-Mail-Adresse von … ist …
Wo wohnen Sie? / Wo wohnst du? | Ich wohne in …
Wie ist Ihre/deine Telefonnummer/…? | Meine Telefonnummer/… ist …

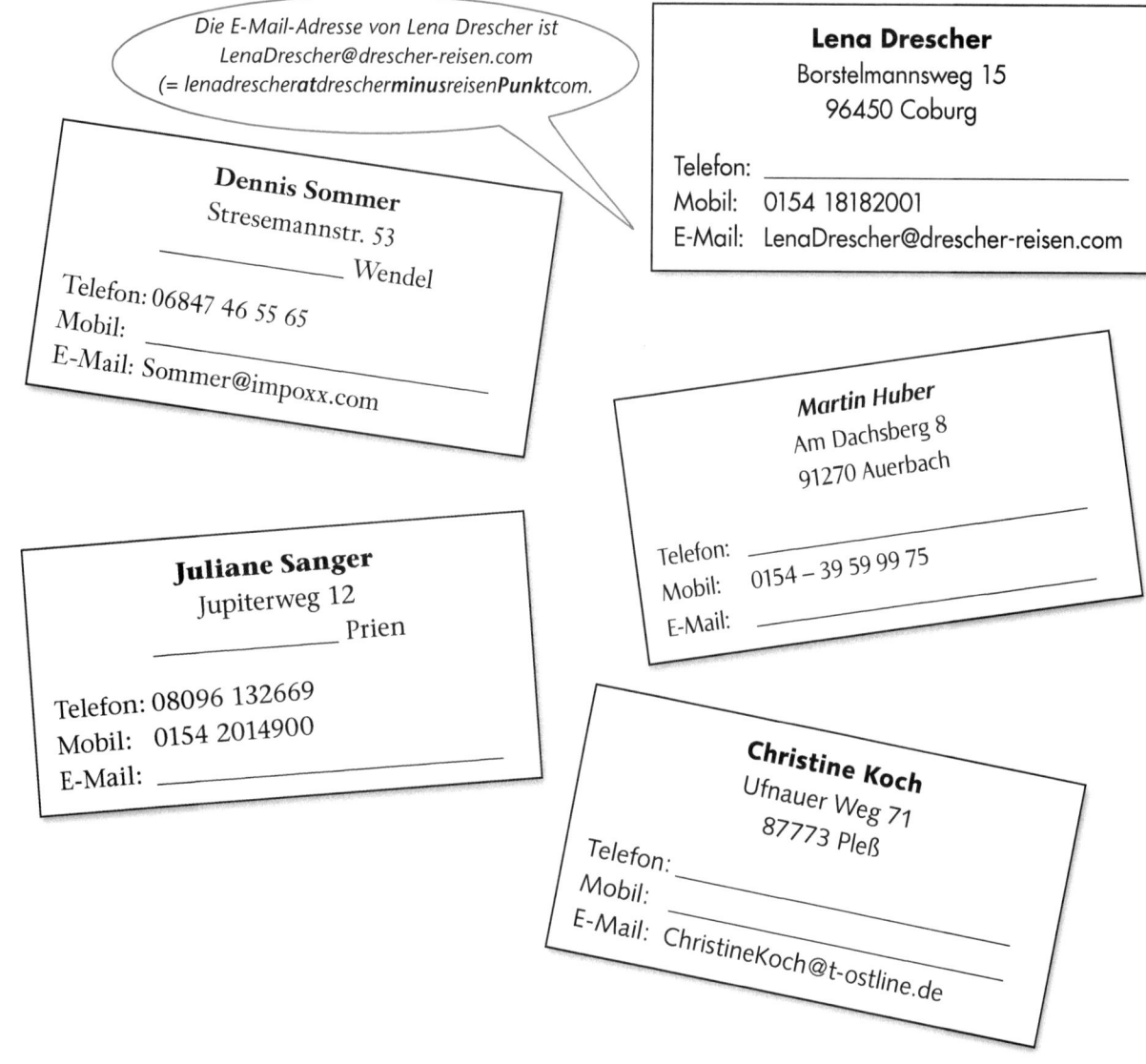

*Die E-Mail-Adresse von Lena Drescher ist LenaDrescher@drescher-reisen.com (= lenadrescher**at**drescher**minus**reisen**Punkt**com.*

Lena Drescher
Borstelmannsweg 15
96450 Coburg

Telefon: _____
Mobil: 0154 18182001
E-Mail: LenaDrescher@drescher-reisen.com

Dennis Sommer
Stresemannstr. 53
_____ Wendel

Telefon: 06847 46 55 65
Mobil: _____
E-Mail: Sommer@impoxx.com

Martin Huber
Am Dachsberg 8
91270 Auerbach

Telefon: _____
Mobil: 0154 – 39 59 99 75
E-Mail: _____

Juliane Sanger
Jupiterweg 12
_____ Prien

Telefon: 08096 132669
Mobil: 0154 2014900
E-Mail: _____

Christine Koch
Ufnauer Weg 71
87773 Pleß

Telefon: _____
Mobil: _____
E-Mail: ChristineKoch@t-ostline.de

Meine Visitenkarte:

_____
_____
_____

Telefon: _____
Mobil: _____
E-Mail: _____

Visitenkarte Partner/in:

_____
_____
_____

Telefon: _____
Mobil: _____
E-Mail: _____

Wie viele Einwohner hat Berlin?

> *A:*
> *Wie viele Einwohner hat Wien?*

> *B:*
> *Wien hat eine Million siebenhunderteinundvierzigtausend zweihundertsechsundvierzig Einwohner.*

1 Fragen Sie Ihre Partnerin / Ihren Partner nach den fehlenden Einwohnerzahlen.

Die 20 größten Städte in Deutschland, Österreich und in der Schweiz

Platz	Stadt	Einwohner
1.	Berlin	3.375.222
2.	Wien	
3.	Hamburg	1.734.272
4.	München	
5.	Köln	1.024.373
6.	Frankfurt am Main	
7.	Stuttgart	597.939
8.	Düsseldorf	
9.	Dortmund	572.087
10.	Essen	
11.	Bremen	546.451
12.	Dresden	
13.	Leipzig	520.838
14.	Hannover	
15.	Nürnberg	495.121
16.	Duisburg	
17.	Zürich	380.777
18.	Bochum	
19.	Wuppertal	342.885
20.	Bielefeld	

Quelle: Wikipedia; Stand: 31.12.2012

2 Suchen Sie mit Ihrer Partnerin / Ihrem Partner die Städte auf einer Landkarte.

Wie viele Einwohner hat Berlin?

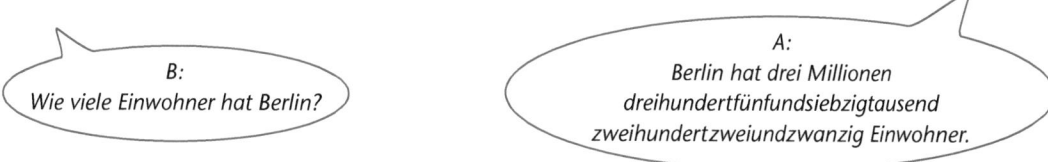

B:
Wie viele Einwohner hat Berlin?

A:
Berlin hat drei Millionen
dreihundertfünfundsiebzigtausend
zweihundertzweiundzwanzig Einwohner.

1 Fragen Sie Ihre Partnerin / Ihren Partner nach den fehlenden Einwohnerzahlen.

Die 20 größten Städte in Deutschland, Österreich und in der Schweiz

Platz	Stadt	Einwohner
1.	Berlin	
2.	Wien	1.741.246
3.	Hamburg	
4.	München	1.388.308
5.	Köln	
6.	Frankfurt am Main	687.775
7.	Stuttgart	
8.	Düsseldorf	593.682
9.	Dortmund	
10.	Essen	566.862
11.	Bremen	
12.	Dresden	525.105
13.	Leipzig	
14.	Hannover	514.137
15.	Nürnberg	
16.	Duisburg	486.816
17.	Zürich	
18.	Bochum	362.213
19.	Wuppertal	
20.	Bielefeld	328.314

Quelle: Wikipedia; Stand: 31.12.2012

2 Suchen Sie mit Ihrer Partnerin / Ihrem Partner die Städte auf einer Landkarte.

Um wie viel Uhr steht Herr Wagner auf?

Um wie viel Uhr steht Herr Wagner auf?	Er steht um sechs Uhr auf.
Von wann bis wann arbeitet Frau Bode?	Sie arbeitet von halb neun bis um fünf Uhr.
Um wie viel Uhr isst …?	… isst um …
Um wie viel Uhr stehen Sie / stehst du auf?	Ich stehe um … Uhr auf.
Von wann bis wann …?	Ich … von … bis …

	Herr Wagner	Frau Bode	ich	mein/e Partner/in
aufstehen		7:15		
frühstücken		7:30		
zu Mittag essen		13:00 – 13:30		
arbeiten		8:30 – 17:00		
einkaufen		18:30		
zu Abend essen		19:45		
fernsehen		20:15 – 22:00		
ins Bett gehen		23:00		

Um wie viel Uhr steht Herr Wagner auf?

Um wie viel Uhr steht Herr Wagner auf?	Er steht um sechs Uhr auf.
Von wann bis wann arbeitet Frau Bode?	Sie arbeitet von halb neun bis um fünf Uhr.
Um wie viel Uhr isst …?	… isst um …
Um wie viel Uhr stehen Sie / stehst du auf?	Ich stehe um … Uhr auf.
Von wann bis wann …?	Ich … von … bis …

	Herr Wagner	Frau Bode	ich	mein/e Partner/in
aufstehen	6:00			
frühstücken	6:45			
zu Mittag essen	12:30 – 13:30			
arbeiten	8:00 – 12:00			
einkaufen	17:00			
zu Abend essen	19:00			
fernsehen	20:00 – 21:45			
ins Bett gehen	22:30			

Was isst Lars gern?

Was isst … gern? ☺	… isst gern …
Was isst … nicht gern? ☹	… isst nicht gern …
Was trinkt … gern? ☺	… trinkt gern …
Was trinkt … nicht gern? ☹	… trinkt nicht gern …
Was essen Sie / isst du (nicht) gern?	Ich esse (nicht) gern …
Was trinken Sie / trinkst du (nicht) gern?	Ich trinke (nicht) gern …

	Essen		Trinken	
	gern ☺	nicht gern ☹	gern ☺	nicht gern ☹
Lars		Wurst		Kaffee
Michael	Joghurt		Espresso	
Frau Hansen		Gemüse		
Herr Nagel	Bananen		Wein	Orangensaft
Magdalena		Äpfel		Milch
Silvia	Pizza		Cappuccino	
ich				
Partner/in				

Was isst Lars gern?

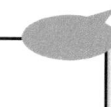

Was isst … gern? ☺		☹	… isst gern …	
Was isst … nicht gern? ☹			… isst nicht gern …	
Was trinkt … gern? ☺			… trinkt gern …	
Was trinkt … nicht gern? ☹			… trinkt nicht gern …	
Was essen Sie / isst du (nicht) gern?			Ich esse (nicht) gern …	
Was trinken Sie / trinkst du (nicht) gern?			Ich trinke (nicht) gern …	

	Essen		Trinken	
	gern ☺	nicht gern ☹	gern ☺	nicht gern ☹
Lars	Obst		Tee	
Michael		Käse		Mineralwasser
Frau Hansen	Schinken		Cola	Bier
Herr Nagel		Marmelade		
Magdalena	Kartoffeln		Wasser	
Silvia		Reis		Apfelsaft
ich				
Partner/in				

Wann hat Frau Nagel Geburtstag?

Wann hat Frau Nagel Geburtstag?	Sie hat am 3. (= dritten) August Geburtstag.
Wann ist Silvia geboren?	Sie ist 1980 (= neunzehnhundertachtzig) geboren.
Wo ist Herr Klotz geboren?	Er ist in Wien geboren.
Hat Michael Geschwister?	Ja, er hat einen Bruder und eine Schwester.
Wann haben Sie / hast du Geburtstag?	Ich habe am … Geburtstag.
Wann sind Sie / bist du geboren?	Ich bin … geboren.
Wo sind Sie / bist du geboren?	Ich bin in … geboren.
Haben Sie / Hast du Geschwister?	Ja, ich habe … / Nein, ich habe keine Geschwister.

	Geburtstag	Geburtsjahr	Geburtsort	Geschwister
Herr Klotz		1966	in Wien	
Frau Nagel	3. August			3 Brüder 1 Schwester
Michael	17. Juli	1989		1 Bruder 1 Schwester
Silvia			in Hamburg	
ich				
mein/e Partner/in				

Wann hat Frau Nagel Geburtstag?

Wann hat Frau Nagel Geburtstag?	Sie hat am 3. (= dritten) August Geburtstag.
Wann ist Silvia geboren?	Sie ist 1980 (= neunzehnhundertachtzig) geboren.
Wo ist Herr Klotz geboren?	Er ist in Wien geboren.
Hat Michael Geschwister?	Ja, er hat einen Bruder und eine Schwester.
Wann haben Sie / hast du Geburtstag?	Ich habe am … Geburtstag.
Wann sind Sie / bist du geboren?	Ich bin … geboren.
Wo sind Sie / bist du geboren?	Ich bin in … geboren.
Haben Sie / Hast du Geschwister?	Ja, ich habe … / Nein, ich habe keine Geschwister.

	Geburtstag	Geburtsjahr	Geburtsort	Geschwister
Herr Klotz	15. März			keine Geschwister
Frau Nagel		1971	in Berlin	
Michael			in Leipzig	
Silvia	22. September	1980		zwei Schwestern
ich				
mein/e Partner/in				

Wie fährt Maria zum Hotel?

Wo ist Maria?

Sie ist *am Bahnhof*.

Wohin fährt Maria?

Sie fährt *zum Hotel*.

Wie fährt Maria zum Hotel?

Sie fährt *mit dem Taxi*.

	Wo?	Wohin?	Wie?
Maria	am Bahnhof	zum Hotel	mit dem Taxi
Meike			
Sebastian	in der Firma	nach Hause	mit der S-Bahn
Nadja			
Norbert	in der Bank	zur Bibliothek	mit der U-Bahn
Silvia			
Bernd	im Café	zur Firma	mit dem Auto
Lucia			

Wie fährt Maria zum Hotel?

Wo ist Maria?

Sie ist *am Bahnhof*.

Wohin fährt Maria?

Sie fährt *zum Hotel*.

Wie fährt Maria zum Hotel?

Sie fährt *mit dem Taxi*.

	Wo?	Wohin?	Wie?
Maria			
Meike	in der VHS	zur Apotheke	mit dem Fahrrad
Sebastian			
Nadja	zu Hause	zum Bahnhof	mit der Straßenbahn
Norbert			
Silvia	in Berlin	nach Wien	mit dem Zug
Bernd			
Lucia	im Supermarkt	zum Restaurant	mit dem Bus

Wie viele Zimmer hat die Wohnung?

Wie viele Zimmer hat die Wohnung …?	Sie hat … Zimmer.
Wie viele Quadratmeter hat die Wohnung …?	Sie hat … Quadratmeter.
Wie hoch ist die Miete bei Wohnung …?	Die Miete beträgt … Euro.
Wie hoch sind die Nebenkosten bei Wohnung …?	Die Nebenkosten betragen … Euro.
Wo liegt die Wohnung …?	Sie liegt …
Hat die Wohnung … einen Balkon?	Ja, sie hat einen … / Nein, sie hat keinen …

Ⓐ
4 ZKB, 88 m²; 1200 € + 280 € NK; Blk.; Zentrum; ab 1.8. frei; Tel. 022 34/79 00 90

Ⓒ
2 ZKB, 48 m²; 620 € + 150 € NK; Stadtrand; ab 1. April frei; Tel. 0221/366 15 95; ab 19 Uhr

	Wohnung A	Wohnung B	Wohnung C	Wohnung D
Zimmer	4 Zimmer		2 Zimmer	
Quadratmeter	88 qm		48 qm	
Miete	1.200 €		620 €	
Nebenkosten	280 €		150 €	
Lage	im Zentrum		am Stadtrand	
Balkon	ja		nein	

Wie viele Zimmer hat die Wohnung?

Wie viele Zimmer hat die Wohnung ...?	Sie hat ... Zimmer.
Wie viele Quadratmeter hat die Wohnung ...?	Sie hat ... Quadratmeter.
Wie hoch ist die Miete bei Wohnung ...?	Die Miete beträgt ... Euro.
Wie hoch sind die Nebenkosten bei Wohnung ...?	Die Nebenkosten betragen ... Euro.
Wo liegt die Wohnung ...?	Sie liegt ...
Hat die Wohnung ... einen Balkon?	Ja, sie hat einen ... / Nein, sie hat keinen ...

Ⓑ
3 ZKB, 72 m²; 960 € + 220 € NK; Blk.;
Nähe Bahnhof; ab sofort frei;
Tel. 022 67/827 83 50

Ⓓ
5 ZKB, 120 m²; 1.440 € + 310 € NK;
Schillerstraße; ab sofort frei;
Tel. 0221/99 91 46

	Wohnung A	Wohnung B	Wohnung C	Wohnung D
Zimmer		3 Zimmer		5 Zimmer
Quadratmeter		72 qm		120 qm
Miete		960 €		1440 €
Nebenkosten		220 €		310 €
Lage		in der Nähe vom Hauptbahnhof		in der Schillerstraße
Balkon		ja		nein

Haben Sie gestern gekocht?

1 Fragen Sie die Nachbarn links und rechts und kreuzen Sie „Ja" oder „Nein" an.

	Partner/in rechts		Partner/in links	
	ja	nein	ja	nein
1. Haben Sie / Hast du gestern gekocht?	❏	❏	❏	❏
2. Sind Sie / Bist du am Wochenende ins Museum gegangen?	❏	❏	❏	❏
3. Haben Sie / Hast du am Wochenende einen Ausflug gemacht?	❏	❏	❏	❏
4. Haben Sie / Hast du heute Morgen Kaffee getrunken?	❏	❏	❏	❏
5. Haben Sie / Hast du gestern ferngesehen?	❏	❏	❏	❏
6. Haben Sie / Hast du heute Morgen eine Zeitung gelesen?	❏	❏	❏	❏
7. Haben Sie / Hast du heute Morgen Radio gehört?	❏	❏	❏	❏
8. Haben Sie / Hast du gestern Sport gemacht?	❏	❏	❏	❏
9. Haben Sie / Hast du gestern gewaschen?	❏	❏	❏	❏
10. Haben Sie / Hast du heute Morgen ein Ei gegessen?	❏	❏	❏	❏
11. Haben Sie / Hast du gestern die Hausaufgaben gemacht?	❏	❏	❏	❏
12. Sind Sie / Bist du am Wochenende Fahrrad gefahren?	❏	❏	❏	❏

Haben Sie gestern gekocht?

Ja, ich habe gestern gekocht.

Haben Sie gestern gekocht?

Nein, ich habe gestern nicht gekocht.

1 Fragen Sie die Nachbarn links und rechts und kreuzen Sie „Ja" oder „Nein" an.

	Partner/in rechts		Partner/in links	
	ja	nein	ja	nein
1. Haben Sie / Hast du gestern gebacken?	❏	❏	❏	❏
2. Sind Sie / Bist du am Wochenende ins Kino gegangen?	❏	❏	❏	❏
3. Haben Sie / Hast du am Wochenende Fußball gespielt?	❏	❏	❏	❏
4. Haben Sie / Hast du gestern Pizza gegessen?	❏	❏	❏	❏
5. Haben Sie / Hast du heute Morgen Tee getrunken?	❏	❏	❏	❏
6. Haben Sie / Hast du gestern Deutsch gelernt?	❏	❏	❏	❏
7. Haben Sie / Hast du am Wochenende eine Party gemacht?	❏	❏	❏	❏
8. Haben Sie / Hast du gestern eingekauft?	❏	❏	❏	❏
9. Haben Sie / Hast du am Wochenende die Wohnung geputzt?	❏	❏	❏	❏
10. Sind Sie / Bist du am Wochenende in die Disko gegangen?	❏	❏	❏	❏
11. Haben Sie / Hast du am Wochenende Freunde besucht?	❏	❏	❏	❏
12. Haben Sie / Hast du gestern am Computer gearbeitet?	❏	❏	❏	❏

Was ist Frau Stifter von Beruf?

Was ist … von Beruf?	Er/Sie ist …
Wo arbeitet …?	Er/Sie arbeitet …
Wie viel verdient … im Monat?	Er/Sie verdient … Euro im Monat.
Wie viele Tage hat … Urlaub im Jahr?	Er/Sie hat … Tage Urlaub im Jahr.
Wie viele Stunden arbeitet … in der Woche?	Er/Sie arbeitet … Stunden in der Woche.
Muss … am Wochenende arbeiten?	Ja, er/sie muss am Wochenende arbeiten.
	Nein, er/sie muss am Wochenende nicht arbeiten.

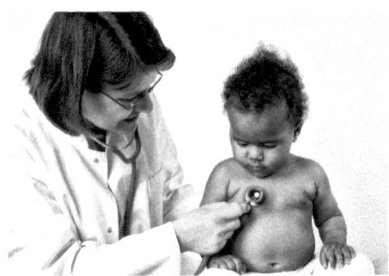  

	Frau Stifter	Herr Neuer	Frau Bornmann	Herr Wacker
Beruf	Erzieherin			Koch
Firma/ Arbeitsplatz	im Kindergarten			im Restaurant
Gehalt	1.600 € netto			2.800 € brutto
Urlaub	30 Tage			27 Tage
Arbeitszeit	38 Stunden			38 Stunden
Wochenende	nein			ja

Was ist Frau Stifter von Beruf?

Was ist … von Beruf?	Er/Sie ist …
Wo arbeitet …?	Er/Sie arbeitet …
Wie viel verdient … im Monat?	Er/Sie verdient … Euro im Monat.
Wie viele Tage hat … Urlaub im Jahr?	Er/Sie hat … Tage Urlaub im Jahr.
Wie viele Stunden arbeitet … in der Woche?	Er/Sie arbeitet … Stunden in der Woche.
Muss … am Wochenende arbeiten?	Ja, er/sie muss am Wochenende arbeiten.
	Nein, er/sie muss am Wochenende nicht arbeiten.

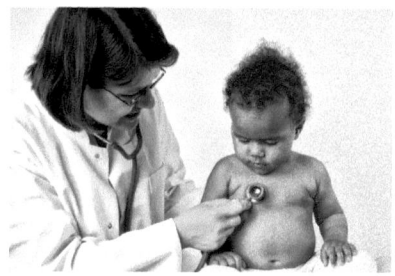  

	Frau Stifter	Herr Neuer	Frau Bornmann	Herr Wacker
Beruf		Kassierer	Ärztin	
Firma/ Arbeitsplatz		in einem Supermarkt	im Krankenhaus	
Gehalt		1.300 € netto	3.800 € brutto	
Urlaub		28 Tage	29 Tage	
Arbeitszeit		20 Stunden	40 Stunden	
Wochenende		nein	ja	

Machen Sie regelmäßig Sport?

1 Fragen Sie die Nachbarn links und rechts und kreuzen Sie „Ja" oder „Nein" an.

	Partner/in rechts		Partner/in links	
	ja	nein	ja	nein
1. Machen Sie / Machst du regelmäßig Sport?	❏	❏	❏	❏
2. Gehen Sie / Gehst du ins Fitness-Studio?	❏	❏	❏	❏
3. Trinken Sie / Trinkst du viel Kaffee?	❏	❏	❏	❏
4. Gehen Sie / Gehst du regelmäßig zum Arzt?	❏	❏	❏	❏
5. Sitzen Sie / Sitzt du oft vor dem Computer?	❏	❏	❏	❏
6. Haben Sie / Hast du oft Kopfschmerzen?	❏	❏	❏	❏
7. Rauchen Sie / Rauchst du?	❏	❏	❏	❏
8. Essen Sie / Isst du viel Obst?	❏	❏	❏	❏
9. Fahren Sie / Fährst du Fahrrad?	❏	❏	❏	❏
10. Haben Sie / Hast du am Wochenende Sport gemacht?	❏	❏	❏	❏
11. Haben Sie / Hast du schon einmal Yoga gemacht?	❏	❏	❏	❏
12. Sind Sie / Bist du am Wochenende gejoggt?	❏	❏	❏	❏

Machen Sie regelmäßig Sport?

1 Fragen Sie die Nachbarn links und rechts und kreuzen Sie „Ja" oder „Nein" an.

	Partner/in rechts		Partner/in links	
	ja	nein	ja	nein
1. Sind Sie / Bist du Vegetarier/in?	❑	❑	❑	❑
2. Gehen Sie / Gehst du jeden Tag spazieren?	❑	❑	❑	❑
3. Trinken Sie / Trinkst du viel Tee?	❑	❑	❑	❑
4. Gehen Sie / Gehst du regelmäßig zum Zahnarzt?	❑	❑	❑	❑
5. Sitzen Sie / Sitzt du oft vor dem Fernseher?	❑	❑	❑	❑
6. Haben Sie / Hast du oft Rückenschmerzen?	❑	❑	❑	❑
7. Joggen Sie / Joggst du täglich?	❑	❑	❑	❑
8. Essen Sie / Isst du viel Gemüse?	❑	❑	❑	❑
9. Gehen Sie / Gehst du regelmäßig schwimmen?	❑	❑	❑	❑
10. Haben Sie / Hast du heute Morgen Sport gemacht?	❑	❑	❑	❑
11. Haben Sie / Hast du schon einmal eine Diät gemacht?	❑	❑	❑	❑
12. Sind Sie / Bist du am Wochenende Fahrrad gefahren?	❑	❑	❑	❑

Wo hat Familie Maurer Urlaub gemacht?

Wo hat … Urlaub gemacht?	… hat … Urlaub gemacht.
Von wann bis wann hat … Urlaub gemacht ?	Vom … bis zum …
Wo hat … übernachtet?	… hat … übernachtet.
Was hat … im Urlaub gemacht?	… ist gewandert / … hat viel besichtigt / …
Wie war das Wetter?	Es war warm / …

	Familie Maurer	Familie Sager	Thorsten	Sylvia
Urlaubsort	in der Türkei		in den Alpen	
Urlaubszeit	18. Juli – 10. August		3.–18. Januar	
Unterkunft	im Hotel		in einem Zelt	
Aktivitäten	schwimmen		wandern	
Wetter	sehr heiß		kalt	

Wo hat Familie Maurer Urlaub gemacht?

Wo hat … Urlaub gemacht?	… hat … Urlaub gemacht.
Von wann bis wann hat … Urlaub gemacht ?	Vom … bis zum …
Wo hat … übernachtet?	… hat … übernachtet.
Was hat … im Urlaub gemacht?	… ist gewandert / … hat viel besichtigt / …
Wie war das Wetter?	Es war warm / …

	Familie Maurer	Familie Sager	Thorsten	Sylvia
Urlaubsort		auf Mallorca		in Paris
Urlaubszeit		10.–20. Mai		12.–14. April
Unterkunft		in einer Ferienwohnung		bei Freunden
Aktivitäten		Fahrrad fahren		viel besichtigen
Wetter		warm		regnerisch

Gefällt Ihnen der Hut?

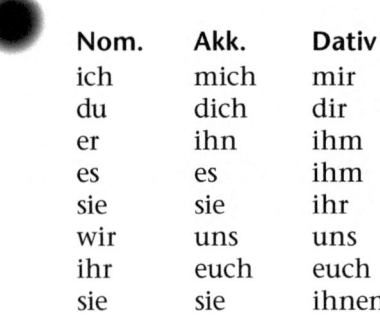

Nom.	Akk.	Dativ
ich	mich	mir
du	dich	dir
er	ihn	ihm
es	es	ihm
sie	sie	ihr
wir	uns	uns
ihr	euch	euch
sie	sie	ihnen
Sie	Sie	Ihnen

1 Sie fangen an. Fragen Sie Ihre Partnerin / Ihren Partner.
Sie/Er bejaht den Satz und benutzt immer Personalpronomen wie in den Beispielen.
Kontrollieren und korrigieren Sie die Antwort.

A: *Gefällt Ihnen der Hut?*

B: *Ja, **er** gefällt **mir**.*

A: *Gefallen Julia die Schuhe?*

B: *Ja, **sie** gefallen **ihr**.*

Sie fragen:

1. Gefällt Ihnen der Hut?
2. Gefallen Julia die Schuhe?
3. Gefällt Stefan die Jeans?
4. Gefällt dir das T-Shirt?
5. Gefallen Nadja und Sabine die Jacken?
6. Gefallen Bernd die Hosen?
7. Gefällt Miriam die Bluse?
8. Gefällt dir der Mantel?
9. Gefällt Tom der Anzug?
10. Gefallen Frau Börne die Stiefel?

Kontrollieren Sie die Antwort.

*Ja, **er** gefällt **mir**.*
*Ja, **sie** gefallen **ihr**.*
*Ja, **sie** gefällt **ihm**.*
*Ja, **es** gefällt **mir**.*
*Ja, **sie** gefallen **ihnen**.*
*Ja, **sie** gefallen **ihm**.*
*Ja, **sie** gefällt **ihr**.*
*Ja, **er** gefällt **mir**.*
*Ja, **er** gefällt **ihm**.*
*Ja, **sie** gefallen **ihr**.*

2 Jetzt fragt Ihre Partnerin / Ihr Partner Sie.
Bejahen Sie die Sätze wie in den Beispielen und benutzen Sie Personalpronomen.

B: *Findet Sebastian das Hemd elegant?*

A: *Ja, **er** findet es elegant.*

B: *Findet Maria die Stiefel modern?*

A: *Ja, **sie** findet **sie** modern.*

Gefällt Ihnen der Hut?

Nom.	Akk.	Dativ
ich	mich	mir
du	dich	dir
er	ihn	ihm
es	es	ihm
sie	sie	ihr
wir	uns	uns
ihr	euch	euch
sie	sie	ihnen
Sie	Sie	Ihnen

1 Ihre Partnerin / Ihr Partner fängt an.
Sie/Er fragt Sie. Sie bejahen den Satz und benutzen immer Personalpronomen
wie in den Beispielen.

> A: Gefällt Ihnen der Hut?

> B: Ja, *er* gefällt *mir*.

> A: Gefallen Julia die Schuhe?

> B: Ja, *sie* gefallen *ihr.*

2 Jetzt fragen Sie Ihre Partnerin / Ihren Partner.
Sie/Er bejaht den Satz und benutzt immer Personalpronomen wie in den Beispielen.
Kontrollieren und korrigieren Sie die Antwort von Ihrer Partnerin / Ihrem Partner.

> B: Findet Sebastian das Hemd elegant?

> A: Ja, *er* findet *es* elegant.

> B: Findet Maria die Stiefel modern?

> A: Ja, *sie* findet *sie* modern.

Sie fragen:

1. Findet Sebastian das Hemd elegant?
2. Findet Maria die Stiefel modern?
3. Findet Luis die Sportschuhe bequem?
4. Finden Sie die Krawatte schön?
5. Findet Frau Sandner den Pullover modisch?
6. Finden Nadja und Sabine die Jacken praktisch?
7. Findet ihr die Schuhe hässlich?
8. Findest du das T-Shirt teuer?
9. Finden Sie die Uhr altmodisch?
10. Findet Walter den Gürtel schick?

Kontrollieren Sie die Antwort.

*Ja, **er** findet **es** elegant.*
*Ja, **sie** findet **sie** modern.*
*Ja, **er** findet **sie** bequem.*
*Ja, **ich** finde **sie** schön.*
*Ja, **sie** findet **ihn** modisch.*
*Ja, **sie** finden **sie** praktisch.*
*Ja, **wir** finden **sie** hässlich.*
*Ja, **ich** finde **es** teuer.*
*Ja, **ich** finde **sie** altmodisch.*
*Ja, **er** findet **ihn** schick.*

Was wollte Sven als Kind werden?

Was wollte ... als Kind werden?	... wollte ... werden.
Was musste ... als Kind machen?	... musste ...
Was konnte ... als Kind gut?	... konnte ...
Was durfte ... als Kind nicht machen?	... durfte nicht ...
Was wollten/mussten/konnten/durften Sie als Kind ...?	Ich wollte/musste/
Was wolltest/musstest/konntest/durftest du als Kind ...?	konnte/durfte ...

	wollte	musste	konnte	durfte nicht
Sven	Fußballer werden		gut Ski fahren	
Lisa		viel Gemüse essen	schnell schwimmen	
Max	Pilot werden			auf Partys gehen
Monika		im Haushalt helfen		fernsehen
ich				
mein/e Partner/in				

Was wollte Sven als Kind werden?

Was wollte … als Kind werden?	… wollte … werden.
Was musste … als Kind machen?	… musste …
Was konnte … als Kind gut?	… konnte …
Was durfte … als Kind nicht machen?	… durfte nicht …
Was wollten/mussten/konnten/durften Sie als Kind …?	Ich wollte/musste/
Was wolltest/musstest/konntest/durftest du als Kind …?	konnte/durfte …

	wollte	musste	konnte	durfte nicht
Sven		das Zimmer immer aufräumen		bei Freunden übernachten
Lisa	Sängerin werden			zu spät nach Hause kommen
Max		abends früh ins Bett gehen	Gitarre spielen	
Monika	Lehrerin werden		gut Französisch sprechen	
ich				
mein/e Partner/in				

Warum ist Pedro stolz?

Warum ist Pedro stolz?

Weil er gut Deutsch **spricht**.

Warum ist Pedro stolz? ☺	Warum ist Manfred zufrieden?	Warum ist Tatjana heute so glücklich?
Er spricht gut Deutsch.		Sie hat Geburtstag.

Warum ist Sonja müde?	Warum hat Frau Mohr Sorgen?	Warum ist Herr Müller heute so froh?
	Ihr Sohn hat Probleme in der Schule.	

Warum ist Vladimir froh?	Warum ist Larissa enttäuscht? ☹	Warum ist Klaus heute so nervös?
Er hat eine Wohnung gefunden.		Er schreibt morgen einen Test.

Warum hat Anna Angst?	Warum ist Nadja heute so traurig?	Warum ist Lisa unglücklich?
	Ihre Katze ist krank.	

Warum ist Herr Sandner müde?	Warum ist Marc stolz?	Warum ist Samira traurig?
Er musste heute Überstunden machen.		Ihre Freundin zieht in eine andere Stadt um.

Warum ist Pedro stolz?

Warum ist Pedro stolz?   ・   *Weil* er gut Deutsch *spricht*.

Warum ist Pedro stolz? ☺	Warum ist Manfred zufrieden?	Warum ist Tatjana heute so glücklich?
	Er hat eine Arbeit gefunden.	

Warum ist Sonja müde?	Warum hat Frau Mohr Sorgen?	Warum ist Herr Müller heute so froh?
Sie hat viel gearbeitet.		Er hat vier Wochen Urlaub.

Warum ist Vladimir froh?	Warum ist Larissa enttäuscht? ☹	Warum ist Klaus heute so nervös?
	Ihre Freundin kommt am Wochenende nicht.	

Warum hat Anna Angst?	Warum ist Nadja heute so traurig?	Warum ist Lisa unglücklich?
Sie hat heute einen Zahnarzttermin.		Sie hat Ihr Handy verloren.

Warum ist Herr Sandner müde?	Warum ist Marc stolz?	Warum ist Samira traurig?
	Sein Sohn ist der beste Schüler in der Klasse.	

Wie lange ist Maria in die Schule gegangen?

Wie lange ist … in die Schule gegangen?	… ist … Jahre in die Schule gegangen.
Wann hat … den Schulabschluss gemacht?	… hat … den Schulabschluss gemacht.
Welche Fremdsprachen hat … in der Schule gelernt?	… hat … in der Schule gelernt.
Was war das Lieblingsfach von …?	Das Lieblingsfach von … war … .
Was sind die Zukunftspläne von …?	… will/möchte …
Wie lange sind Sie / bist du …?	Ich bin …
Was war Ihr/dein Lieblingsfach?	Mein Lieblingsfach …

	Schulzeit	Schul-abschluss	Fremd-sprachen	Lieblings-fach	Zukunfts-pläne
Maria	13 Jahre			Sport	
Viktor	11 Jahre		Englisch		eine Weltreise machen
Larissa		1999		Physik	
Miyu	9 Jahre		Englisch und Chinesisch		nächstes Jahr heiraten
Max		2007			Maschinenbau studieren
ich					
mein/e Partner/in					

Wie lange ist Maria in die Schule gegangen?

Wie lange ist … in die Schule gegangen?	… ist … Jahre in die Schule gegangen.
Wann hat … den Schulabschluss gemacht?	… hat … den Schulabschluss gemacht.
Welche Fremdsprachen hat … in der Schule gelernt?	… hat … in der Schule gelernt.
Was war das Lieblingsfach von …?	Das Lieblingsfach von … war … .
Was sind die Zukunftspläne von …?	… will/möchte …
Wie lange sind Sie / bist du …?	Ich bin …
Was war Ihr/dein Lieblingsfach?	Mein Lieblingsfach …

	Schulzeit	Schul-abschluss	Fremd-sprachen	Lieblings-fach	Zukunfts-pläne
Maria		2008	Französisch		Medizin studieren
Viktor		2005		Mathematik	
Larissa	10 Jahre		Englisch und Deutsch		eine Lehre als Friseurin machen
Miyu		2010		Biologie	
Max	13 Jahre		Spanisch und Französisch	Geschichte	
ich					
mein/e Partner/in					

Das Haus von Familie Müller

1 Lesen Sie Ihren Text langsam vor. Ihre Partnerin / Ihr Partner zeichnet das Haus. Sie/Er soll Ihr Bild natürlich nicht sehen. Vergleichen Sie dann die beiden Bilder.

Das Haus von Familie Müller

Das Haus hat zwei Stockwerke. Unten in der Mitte ist die Haustür. Rechts und links von der Haustür ist ein Fenster. Vor der Tür liegt ein Hund.
Im ersten Stock ist über der Haustür ein großes Fenster. Am Fenster steht Frau Müller.
Rechts neben dem Haus ist die Garage. Auf der Garage ist eine Katze.
Vor der Garage steht ein Fahrrad.
Links neben dem Haus steht ein Baum. Zwischen dem Haus und dem Baum steht ein Tisch. Am Tisch sitzt Herr Müller und liest die Zeitung.
Vor dem Haus spielen zwei Kinder Fußball.

2 Ihre Partnerin / Ihr Partner liest Ihnen einen Text über das Haus von Familie Becker vor. Hören Sie gut zu und zeichnen Sie das Haus.

Das Haus von Familie Müller

1 Ihre Partnerin / Ihr Partner liest Ihnen einen Text über das Haus von Familie Müller vor. Hören Sie gut zu und zeichnen Sie das Haus.

2 Lesen Sie Ihren Text langsam vor. Ihre Partnerin / Ihr Partner zeichnet das Haus. Sie/Er soll Ihr Bild natürlich nicht sehen. Vergleichen Sie dann die beiden Bilder.

Das Haus von Familie Becker

Das Haus hat drei Stockwerke. Unten in der Mitte ist die Haustür. Rechts und links von der Haustür ist ein Fenster. In den Fenstern steht eine Blume.
Im ersten und zweiten Stock gibt es drei Fenster. Im Fenster über der Haustür sitzt eine Katze.
Vor der Tür steht Herr Becker. An der Leine hat er einen Hund.
Rechts neben dem Haus steht ein Baum und unter dem Baum steht das Auto von Familie Becker.
Links vor dem Haus sitzt Frau Becker unter einem Sonnenschirm und spielt mit ihrer Tochter Lena.

Warum fährt Herr Hein mit dem Auto zur Arbeit?

1 Fragen Sie Ihre Partnerin / Ihren Partner und beantworten Sie ihre/seine Fragen wie im Beispiel.

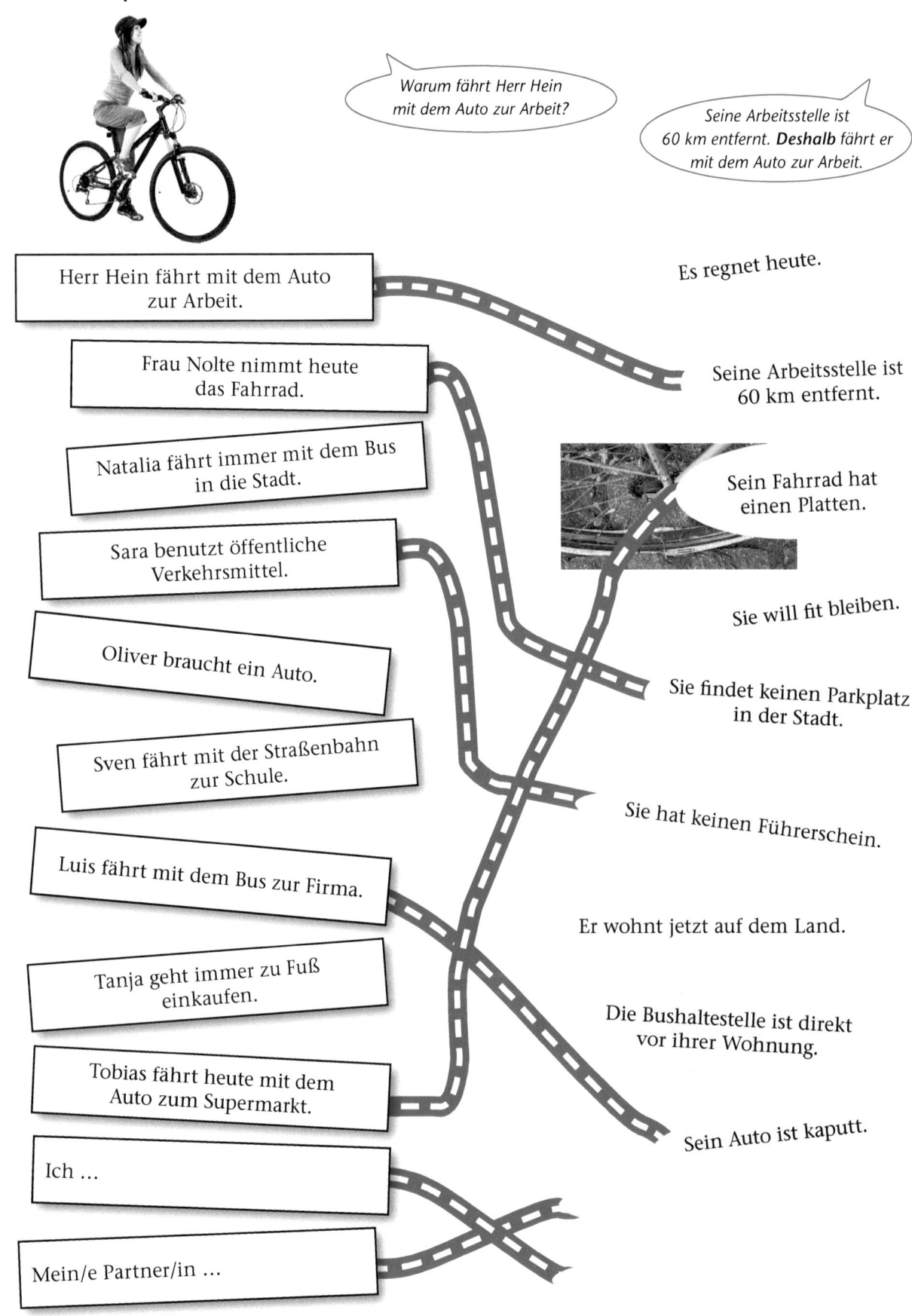

Warum fährt Herr Hein mit dem Auto zur Arbeit?

*Seine Arbeitsstelle ist 60 km entfernt. **Deshalb** fährt er mit dem Auto zur Arbeit.*

Herr Hein fährt mit dem Auto zur Arbeit.

Frau Nolte nimmt heute das Fahrrad.

Natalia fährt immer mit dem Bus in die Stadt.

Sara benutzt öffentliche Verkehrsmittel.

Oliver braucht ein Auto.

Sven fährt mit der Straßenbahn zur Schule.

Luis fährt mit dem Bus zur Firma.

Tanja geht immer zu Fuß einkaufen.

Tobias fährt heute mit dem Auto zum Supermarkt.

Ich …

Mein/e Partner/in …

Es regnet heute.

Seine Arbeitsstelle ist 60 km entfernt.

Sein Fahrrad hat einen Platten.

Sie will fit bleiben.

Sie findet keinen Parkplatz in der Stadt.

Sie hat keinen Führerschein.

Er wohnt jetzt auf dem Land.

Die Bushaltestelle ist direkt vor ihrer Wohnung.

Sein Auto ist kaputt.

Warum fährt Herr Hein mit dem Auto zur Arbeit?

1 Fragen Sie Ihre Partnerin / Ihren Partner und beantworten Sie ihre/seine Fragen wie im Beispiel.

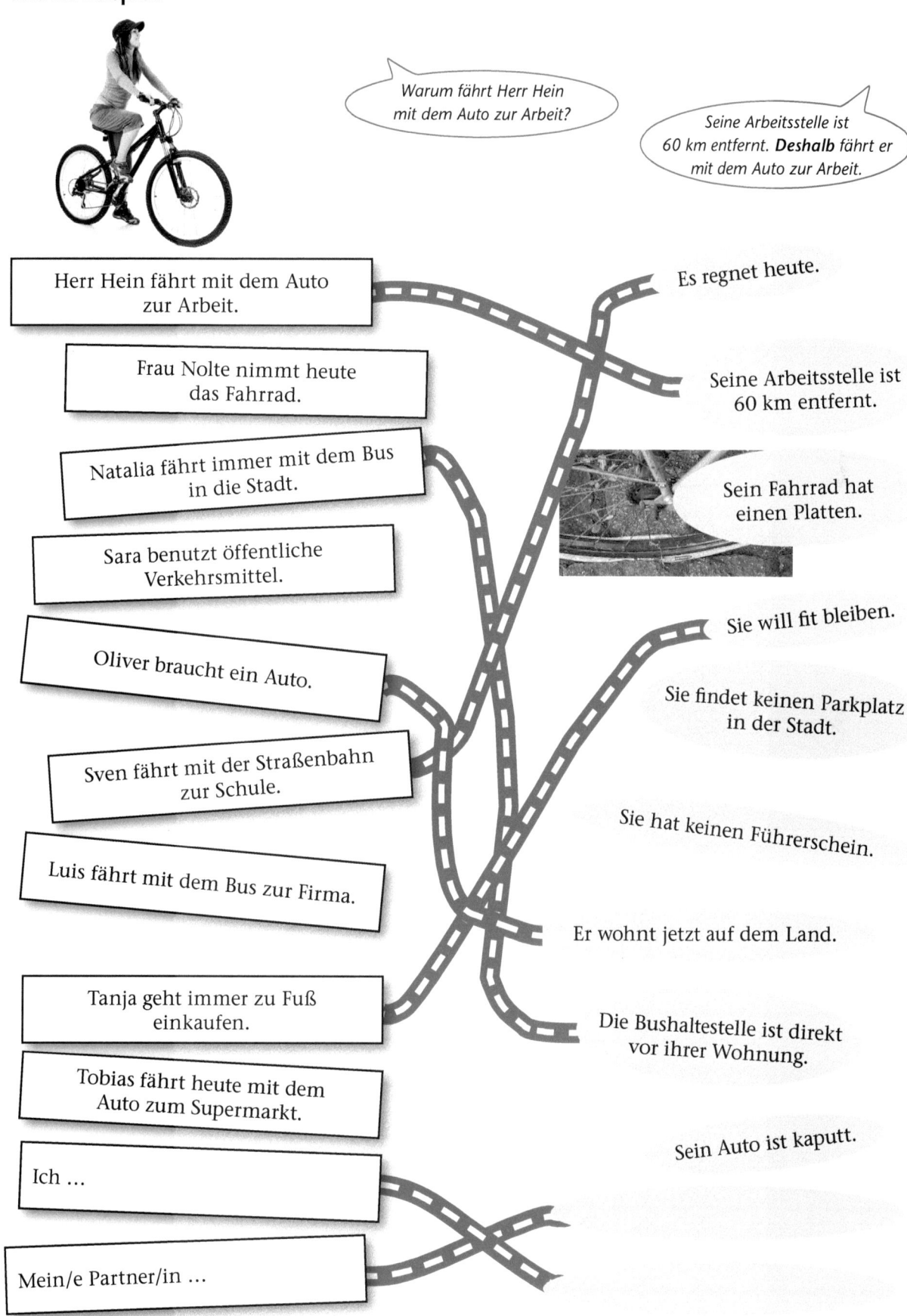

> *Warum fährt Herr Hein mit dem Auto zur Arbeit?*

> *Seine Arbeitsstelle ist 60 km entfernt. **Deshalb** fährt er mit dem Auto zur Arbeit.*

Herr Hein fährt mit dem Auto zur Arbeit.

Frau Nolte nimmt heute das Fahrrad.

Natalia fährt immer mit dem Bus in die Stadt.

Sara benutzt öffentliche Verkehrsmittel.

Oliver braucht ein Auto.

Sven fährt mit der Straßenbahn zur Schule.

Luis fährt mit dem Bus zur Firma.

Tanja geht immer zu Fuß einkaufen.

Tobias fährt heute mit dem Auto zum Supermarkt.

Ich …

Mein/e Partner/in …

Es regnet heute.

Seine Arbeitsstelle ist 60 km entfernt.

Sein Fahrrad hat einen Platten.

Sie will fit bleiben.

Sie findet keinen Parkplatz in der Stadt.

Sie hat keinen Führerschein.

Er wohnt jetzt auf dem Land.

Die Bushaltestelle ist direkt vor ihrer Wohnung.

Sein Auto ist kaputt.

Die Polizei sucht …

1 Die Polizei sucht Frau Segmüller. Sie haben Frau Segmüller gesehen. Malen Sie mit Buntstiften Frau Segmüller aus. (Ihre Partnerin / Ihr Partner soll das Bild natürlich nicht sehen!) Beantworten Sie dann die Fragen von Ihrer Partnerin / Ihrem Partner.

2 Sie arbeiten bei der Polizei. Sie suchen Herrn Steglitz. Fragen Sie Ihre Partnerin / Ihren Partner, wie er aussieht. Machen Sie Notizen und zeichnen Sie anschließend Herrn Steglitz.

Steckbrief Herr Steglitz

1. Wie groß ist Herr Steglitz?	
2. Wie alt ist er?	
3. Wie sieht er aus (dick, dünn …)?	
4. Wie sind seine Haare (kurz, lang, blond, schwarz …)?	
5. Welche Augenfarbe hat er?	
6. Hat er einen Bart?	
7. Trägt er eine Brille?	
8. Hatte er eine Uhr an?	
9. Was hat er getragen? Hut? Jacke? Mantel? Hemd? T-Shirt? Pullover? Hose? Schuhe? Welche Farbe?	
10. Was war sonst noch auffällig?	

Die Polizei sucht ...

1 Die Polizei sucht Herrn Steglitz. Sie haben Herrn Steglitz gesehen. Malen Sie mit Buntstiften Herrn Steglitz aus. (Ihre Partnerin / Ihr Partner soll das Bild natürlich nicht sehen!) Beantworten Sie dann die Fragen von Ihrer Partnerin / Ihrem Partner.

2 Sie arbeiten bei der Polizei. Sie suchen Frau Segmüller. Fragen Sie Ihre Partnerin / Ihren Partner, wie sie aussieht. Machen Sie Notizen und zeichnen Sie anschließend Frau Segmüller.

Steckbrief Frau Segmüller

1. Wie groß ist Frau Segmüller?	
2. Wie alt ist sie?	
3. Wie sieht sie aus (dick, dünn ...)?	
4. Wie sind ihre Haare (kurz, lang, blond, schwarz ...)?	
5. Welche Augenfarbe hat sie?	
6. Trägt Sie Ohrringe?	
7. Trägt sie eine Brille?	
8. Hatte sie eine Uhr / ein Armband / eine Halskette an?	
9. Was hat sie getragen? Hut? Jacke? Mantel? Bluse? T-Shirt? Pullover? Hose? Rock? Schuhe? Stiefel? Welche Farbe?	
10. Was war sonst noch auffällig?	

Interessieren Sie sich für Sport?

Interessieren Sie sich für Sport?

Ja, ich interessiere mich für Sport.

Nein, ich interessiere mich nicht für Sport.

1 Fragen Sie die Nachbarn links und rechts und kreuzen Sie „Ja" oder „Nein" an.

	Partner/in rechts		Partner/in links	
	ja	nein	ja	nein
1. Interessieren Sie sich für Sport?	❏	❏	❏	❏
2. Gehen Sie gern ins Kino?	❏	❏	❏	❏
3. Lesen Sie gern?	❏	❏	❏	❏
4. Haben Sie schon einmal Golf gespielt?	❏	❏	❏	❏
5. Tanzen Sie gern?	❏	❏	❏	❏
6. Können Sie Schach spielen?	❏	❏	❏	❏
7. Treffen Sie sich oft mit Ihrer Familie?	❏	❏	❏	❏
8. Ziehen Sie sich gern schick an?	❏	❏	❏	❏
9. Spielen Sie ein Musikinstrument?	❏	❏	❏	❏
10. Unterhalten Sie sich gern über Sport?	❏	❏	❏	❏
11. Gehen Sie gern in Konzerte?	❏	❏	❏	❏
12. Haben Sie am Wochenende einen Ausflug gemacht?	❏	❏	❏	❏

Interessieren Sie sich für Sport?

Ziehen Sie sich gern modisch an?

Ja, ich ziehe mich gern modisch an.

Nein, ich ziehe mich nicht gern modisch an.

1 Fragen Sie die Nachbarn links und rechts und kreuzen Sie „Ja" oder „Nein" an.

	Partner/in rechts		Partner/in links	
	ja	nein	ja	nein
1. Ziehen Sie sich gern modisch an?	❏	❏	❏	❏
2. Gehen Sie gern ins Museum?	❏	❏	❏	❏
3. Sehen Sie viel fern?	❏	❏	❏	❏
4. Treffen Sie sich oft mit Freunden?	❏	❏	❏	❏
5. Sind Sie Mitglied in einem Verein?	❏	❏	❏	❏
6. Können Sie Volleyball spielen?	❏	❏	❏	❏
7. Haben Sie schon einmal einen Kochkurs gemacht?	❏	❏	❏	❏
8. Interessieren Sie sich für Kunst?	❏	❏	❏	❏
9. Unterhalten Sie sich gern über Mode?	❏	❏	❏	❏
10. Sind Sie am Wochenende Fahrrad gefahren?	❏	❏	❏	❏
11. Singen Sie gern?	❏	❏	❏	❏
12. Gehen Sie oft ins Theater?	❏	❏	❏	❏

Als was hat Stefan schon gearbeitet?

Als was hat er/sie schon gearbeitet?	Er/Sie hat schon als … gearbeitet.
Wo hat er/sie gearbeitet?	Er/Sie hat in … gearbeitet.
Welche Ausbildung hat er/sie?	Er/Sie hat …
Was hat er/sie bei der Arbeit gemacht?	Er/Sie hat …
Was hat ihm/ihr an der Arbeit gefallen?	Ihm/Ihr hat …
Was hat ihm/ihr an der Arbeit nicht gefallen?	Er/Sie musste …

	Stefan	Sara	Christian	Ulrike
Beruf	Bäcker		Biologielehrer	
Arbeitsstelle		in einem Hotel		in einer Möbelspedition
Ausbildung	dreijährige Ausbildung		Biologie studieren	
Tätigkeit		Gäste empfangen		Zahlen in Tabellen eingeben
Vorteile ☺	der nette Chef		das gute Gehalt	
Nachteile ☹	früh aufstehen			lange am Computer arbeiten

Als was hat Stefan schon gearbeitet?

Als was hat er/sie schon gearbeitet?	Er/Sie hat schon als ... gearbeitet.
Wo hat er/sie gearbeitet?	Er/Sie hat in ... gearbeitet.
Welche Ausbildung hat er/sie?	Er/Sie hat ...
Was hat er/sie bei der Arbeit gemacht?	Er/Sie hat ...
Was hat ihm/ihr an der Arbeit gefallen?	Ihm/Ihr hat ...
Was hat ihm/ihr an der Arbeit nicht gefallen?	Er/Sie musste ...

	Stefan	Sara	Christian	Ulrike
Beruf		Empfangs-sekretärin		Buchhalterin
Arbeitsstelle	in einer Bäckerei		in einer Schule	
Ausbildung		dreimonatigen Lehrgang		kaufmännische Ausbildung
Tätigkeit	Brot und Kuchen backen		unterrichten	
Vorteile ☺		die abwechslungs-reiche Arbeit		die nette Arbeitsatmosphäre
Nachteile ☹		am Wochen-ende arbeiten	viel korrigieren	

Hören Sie gern Radio?

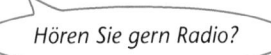

Hören Sie gern Radio?

*Nein, ich höre nie Radio.
Ich höre nur Musik auf meinem Handy.
Und Sie, hören Sie oft Radio?*

*Ja, direkt morgens nach dem Aufstehen
und beim Frühstück höre ich Radio
und auch sehr gerne beim Autofahren.*

1 Unterhalten Sie sich mit Ihrer Partnerin / Ihrem Partner. Machen Sie Notizen und berichten Sie anschließend in der Klasse.

1. Hören Sie gern Radio? Wenn ja, was und wo?	
2. Sehen Sie gern fern? Wie lange am Tag? Was sehen Sie gern? Haben Sie eine Lieblingssendung im Fernsehen?	
3. Sind Sie Mitglied in einem sozialen Netzwerk (z. B. Facebook)? Wenn ja, wie viel Zeit verbringen Sie in diesem Netzwerk?	
4. Lesen Sie regelmäßig (deutsche) Zeitungen oder Zeitschriften? Wenn ja, welche?	
5. Wie viele Stunden sitzen Sie in der Woche am Computer? Was machen Sie am Computer?	
6. Kaufen Sie über das Internet ein? Wenn ja, was und warum?	
7. Benutzen Sie Skype? Wenn ja, mit wem skypen Sie?	
8. Gehen Sie gern ins Kino? Wann waren Sie das letzte Mal im Kino? Was haben Sie gesehen?	
9. Lernen Sie Deutsch mit dem Computer? Wenn ja, welche Programme benutzen Sie?	
10. Eine Woche ohne Internet! Ist das ein Problem für Sie? Wenn ja, warum?	

Hören Sie gern Radio?

Hören Sie gern Radio?

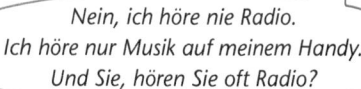

Nein, ich höre nie Radio.
Ich höre nur Musik auf meinem Handy.
Und Sie, hören Sie oft Radio?

Ja, direkt morgens nach dem Aufstehen
und beim Frühstück höre ich Radio
und auch sehr gerne beim Autofahren.

1 Unterhalten Sie sich mit Ihrer Partnerin / Ihrem Partner. Machen Sie Notizen und berichten Sie anschließend in der Klasse.

1. Hören Sie gern Radio? Wenn ja, was und wo?	
2. Sehen Sie gern fern? Wie lange am Tag? Was sehen Sie gern? Haben Sie eine Lieblingssendung im Fernsehen?	
3. Sind Sie Mitglied in einem sozialen Netzwerk (z. B. Facebook)? Wenn ja, wie viel Zeit verbringen Sie in diesem Netzwerk?	
4. Lesen Sie regelmäßig (deutsche) Zeitungen oder Zeitschriften? Wenn ja, welche?	
5. Wie viele Stunden sitzen Sie in der Woche am Computer? Was machen Sie am Computer?	
6. Kaufen Sie über das Internet ein? Wenn ja, was und warum?	
7. Benutzen Sie Skype? Wenn ja, mit wem skypen Sie?	
8. Gehen Sie gern ins Kino? Wann waren Sie das letzte Mal im Kino? Was haben Sie gesehen?	
9. Lernen Sie Deutsch mit dem Computer? Wenn ja, welche Programme benutzen Sie?	
10. Eine Woche ohne Internet! Ist das ein Problem für Sie? Wenn ja, warum?	

Wie heißt das deutsche Parlament?

1 Fragen Sie Ihre Partnerin / Ihren Partner. Für jede richtige Antwort gibt es einen Punkt.
Beantworten Sie dann die Fragen Ihrer Partnerin / Ihres Partners.
Wer die meisten Punkte hat, hat gewonnen.

Frage	Antwort	Punkt
1. Wie heißt die Hauptstadt von Deutschland?	Berlin	
2. Was bedeutet die Abkürzung „BRD"?	Bundesrepublik Deutschland	
3. Wie heißt die Hauptstadt von der Schweiz?	Bern	
4. Wann baute die DDR die Berliner Mauer?	1961	
5. Wie heißt der höchste Repräsentant der Bundesrepublik?	Bundespräsident	
6. Wie viele Bundesländer hat Deutschland?	16	
7. Wann ist der „Tag der deutschen Einheit"?	am 3. Oktober	
8. Von wann bis wann gab es zwei deutsche Staaten?	1949–1990	
9. Wer wählt den Bundeskanzler / die Bundeskanzlerin?	der Bundestag	
10. Welche Farben hat die Flagge von Österreich?	rot und weiß	
11. Womit bezahlt man in der Schweiz?	mit Schweizer Franken	
12. Was ist die internationale Abkürzung für Österreich?	A (= Austria)	
	Punktzahl	

Wie heißt das deutsche Parlament?

1 Beantworten Sie die Fragen Ihrer Partnerin / Ihres Partners.
Fragen Sie dann Ihre Partnerin / Ihren Partner. Für jede richtige Antwort gibt es einen Punkt.
Wer die meisten Punkte hat, hat gewonnen.

Frage	Antwort	Punkt
1. Seit wann bezahlt man in Deutschland mit dem Euro?	seit 2002	
2. Wie heißt die Hauptstadt von Österreich?	Wien	
3. Was bedeutet die Abkürzung „DDR"?	Deutsche Demokratische Republik	
4. Was ist das Wappentier von Deutschland?	der Adler	
5. Wie oft finden Bundestagswahlen statt?	alle 4 Jahre	
6. Wie heißt das deutsche Parlament?	Bundestag	
7. Wann war die deutsche „Wiedervereinigung"?	am 3. Oktober 1990	
8. In welchem Bundesland gibt es die CSU?	in Bayern	
9. Ab welchem Alter darf man bei den Bundestagswahlen wählen?	ab 18	
10. Welche Farben hat die Schweizer Flagge?	rot und weiß	
11. Womit bezahlt man in Österreich?	mit dem Euro	
12. Was ist die internationale Abkürzung für die Schweiz?	CH (= Confoederatio Helvetica)	
	Punktzahl	

Einladung in Deutschland

1 Diktieren Sie diese E-Mail Ihrer Partnerin / Ihrem Partner.

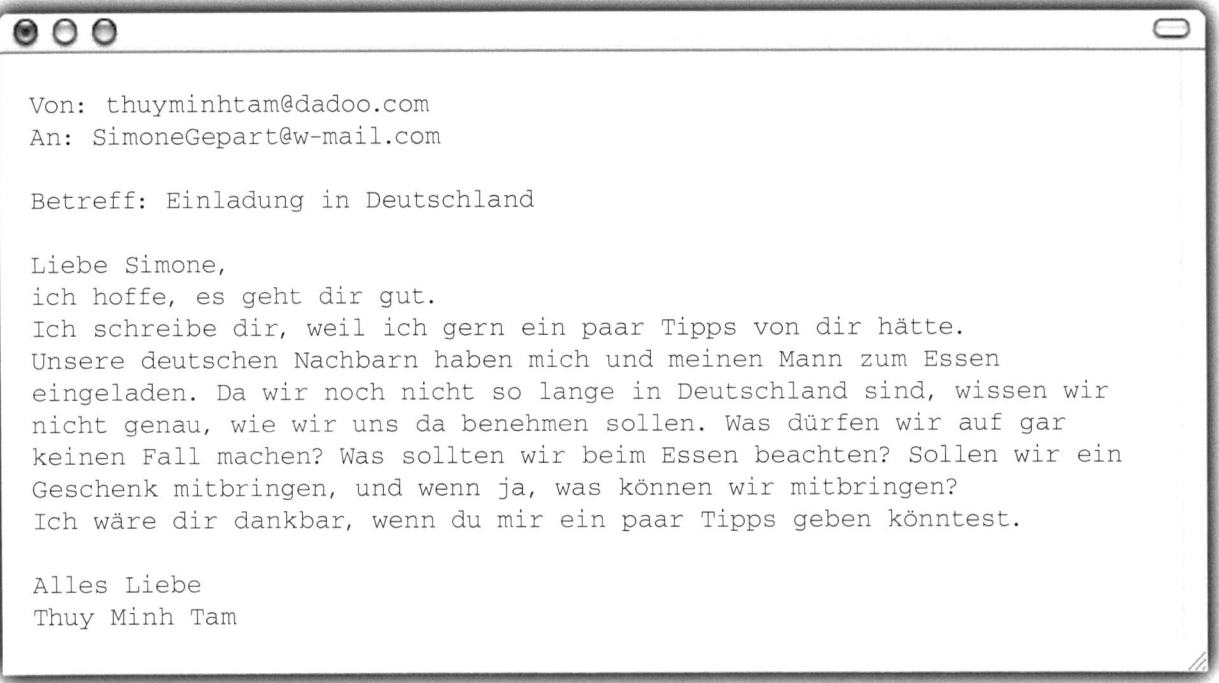

```
Von: thuyminhtam@dadoo.com
An: SimoneGepart@w-mail.com

Betreff: Einladung in Deutschland

Liebe Simone,
ich hoffe, es geht dir gut.
Ich schreibe dir, weil ich gern ein paar Tipps von dir hätte.
Unsere deutschen Nachbarn haben mich und meinen Mann zum Essen
eingeladen. Da wir noch nicht so lange in Deutschland sind, wissen wir
nicht genau, wie wir uns da benehmen sollen. Was dürfen wir auf gar
keinen Fall machen? Was sollten wir beim Essen beachten? Sollen wir ein
Geschenk mitbringen, und wenn ja, was können wir mitbringen?
Ich wäre dir dankbar, wenn du mir ein paar Tipps geben könntest.

Alles Liebe
Thuy Minh Tam
```

2 Schreiben Sie hier die E-Mail, die Ihnen Ihre Partnerin / Ihr Partner diktiert.

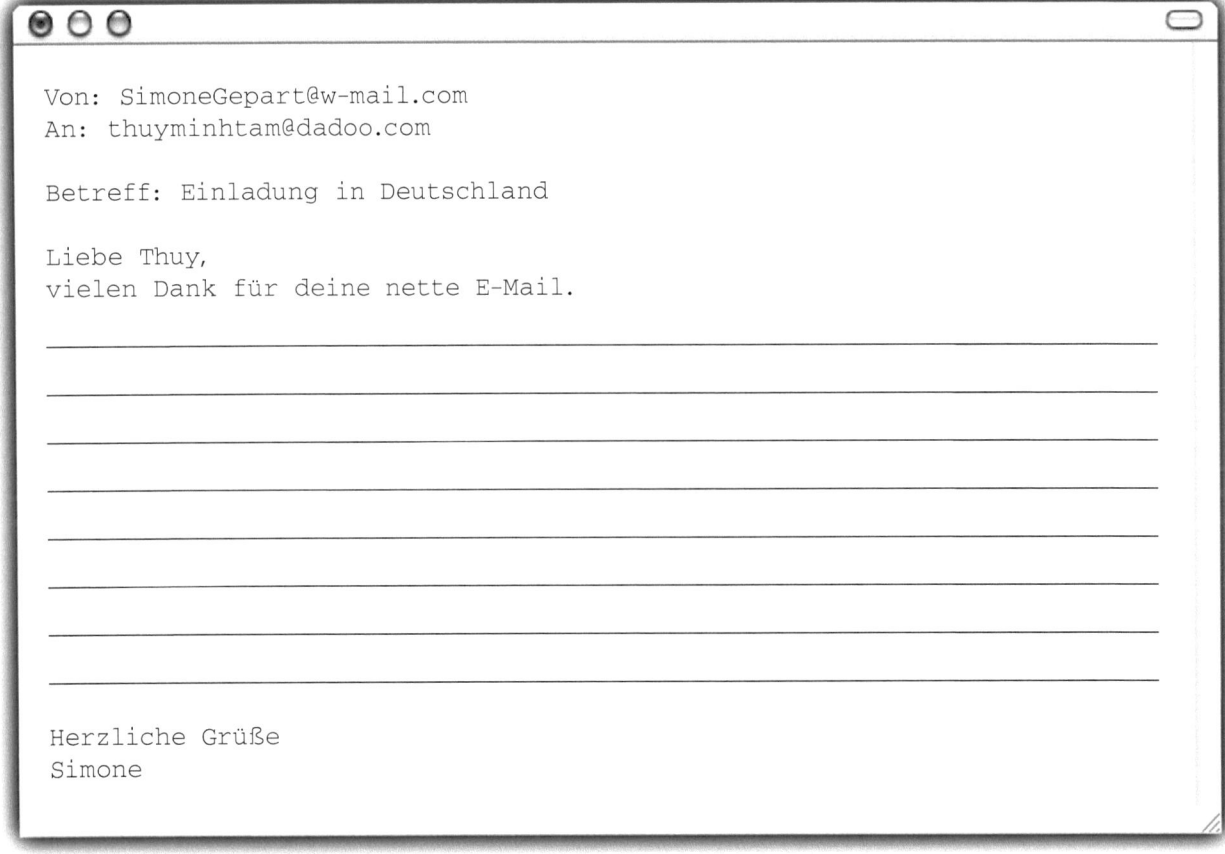

```
Von: SimoneGepart@w-mail.com
An: thuyminhtam@dadoo.com

Betreff: Einladung in Deutschland

Liebe Thuy,
vielen Dank für deine nette E-Mail.

_____

_____

_____

_____

_____

_____

_____

_____

Herzliche Grüße
Simone
```

3 Korrigieren Sie gemeinsam Ihre Diktate.

Einladung in Deutschland

1 Schreiben Sie hier die E-Mail, die Ihnen Ihre Partnerin / Ihr Partner diktiert.

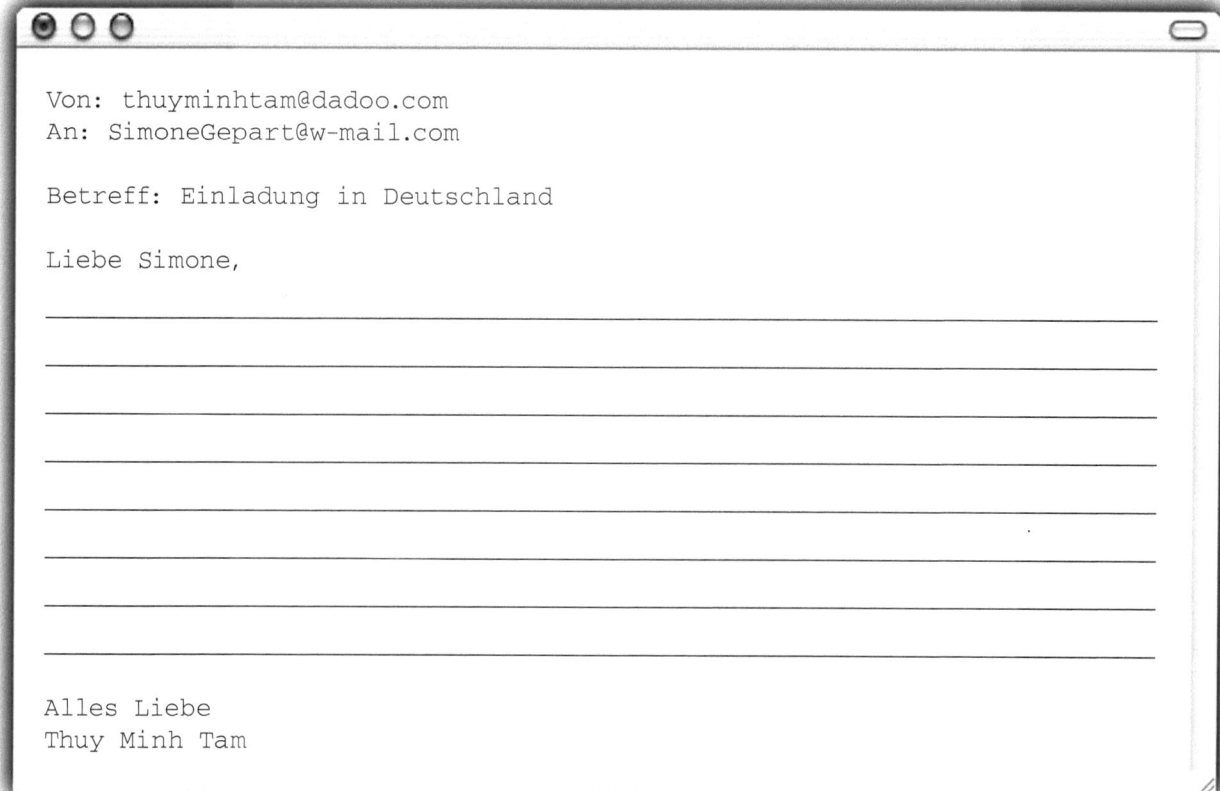

Von: thuyminhtam@dadoo.com
An: SimoneGepart@w-mail.com

Betreff: Einladung in Deutschland

Liebe Simone,

_____

_____

_____

_____

_____

_____

_____

Alles Liebe
Thuy Minh Tam

2 Diktieren Sie diese E-Mail Ihrer Partnerin / Ihrem Partner.

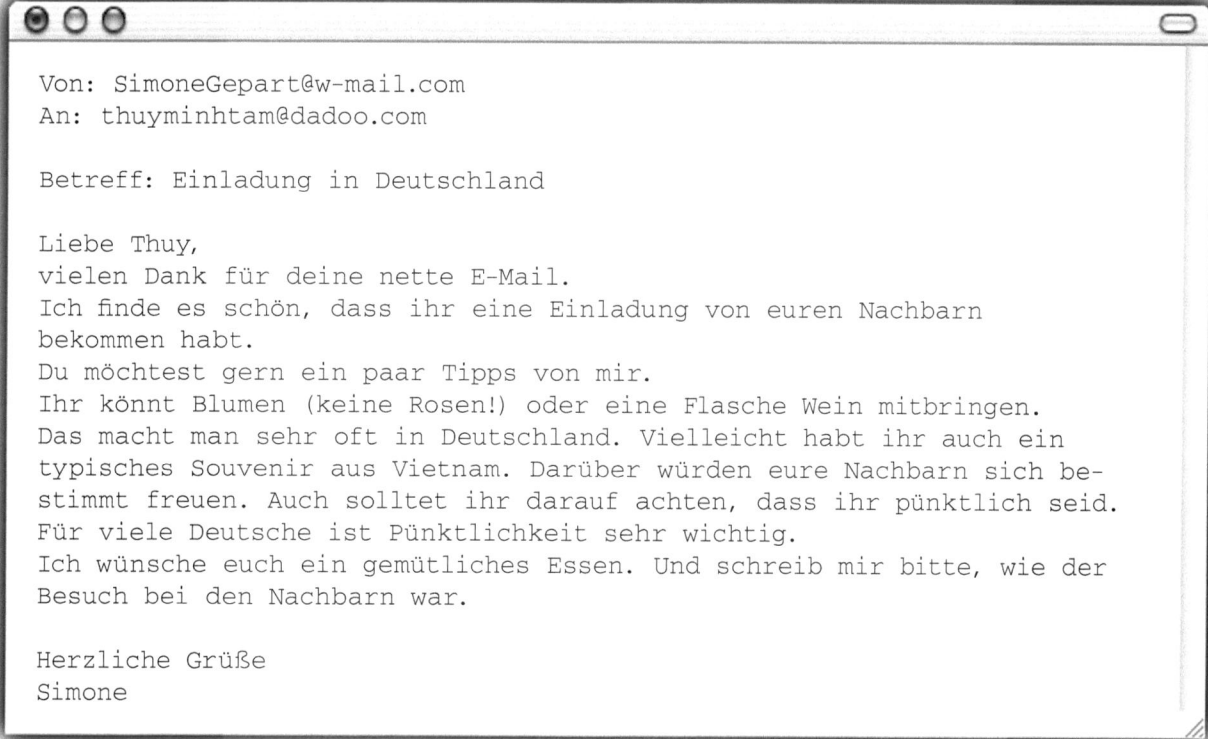

Von: SimoneGepart@w-mail.com
An: thuyminhtam@dadoo.com

Betreff: Einladung in Deutschland

Liebe Thuy,
vielen Dank für deine nette E-Mail.
Ich finde es schön, dass ihr eine Einladung von euren Nachbarn
bekommen habt.
Du möchtest gern ein paar Tipps von mir.
Ihr könnt Blumen (keine Rosen!) oder eine Flasche Wein mitbringen.
Das macht man sehr oft in Deutschland. Vielleicht habt ihr auch ein
typisches Souvenir aus Vietnam. Darüber würden eure Nachbarn sich be-
stimmt freuen. Auch solltet ihr darauf achten, dass ihr pünktlich seid.
Für viele Deutsche ist Pünktlichkeit sehr wichtig.
Ich wünsche euch ein gemütliches Essen. Und schreib mir bitte, wie der
Besuch bei den Nachbarn war.

Herzliche Grüße
Simone

3 Korrigieren Sie gemeinsam Ihre Diktate.

Können Sie mir sagen, ...?

*Können Sie mir sagen, **ob** Sie Vorbereitungskurse für das Zertifikat Deutsch anbieten?*

Ja, wir bieten Vorbereitungskurse für das Zertifikat Deutsch an.

1 Fragen Sie Ihre Partnerin / Ihren Partner höflich nach den fehlenden Informationen und beantworten Sie die Fragen Ihrer Partnerin / Ihres Partners.

1. Bieten Sie Vorbereitungskurse für das Zertifikat Deutsch an?	
2. Gibt es bei Ihnen auch Kurse am Abend?	Ja
3. Wann fängt der nächste Abendkurs an?	am 20. Juni
4. Wann ist der Kurs zu Ende?	
5. Gibt es noch freie Plätze im Kurs?	Ja
6. Wie viel kostet der Kurs?	
7. Wie heißt der Kursleiter?	Manfred Sorge
8. Muss ich einen Einstufungstest machen?	
9. Wo findet der Kurs statt?	in der Schillerstraße 34
10. Wie viele Teilnehmer sind im Kurs?	
11. Wo kann ich mich anmelden?	in unserem Büro, in der Leipziger Straße 17
12. Wann kann ich mich anmelden?	
13. Wann ist die nächste Prüfung?	am 27. September
14. Bis wann muss ich mich für die Prüfung anmelden?	

Können Sie mir sagen, …?

> *Können Sie mir sagen,*
> ***ob*** *es bei Ihnen auch Kurse*
> *am Abend gibt?*

> *Ja, bei uns gibt es auch*
> *Kurse am Abend.*

1 **Fragen Sie Ihre Partnerin / Ihren Partner höflich nach den fehlenden Informationen und beantworten Sie die Fragen Ihrer Partnerin / Ihres Partners.**

1. Bieten Sie Vorbereitungskurse für das Zertifikat Deutsch an?	Ja
2. Gibt es bei Ihnen auch Kurse am Abend?	
3. Wann fängt der nächste Abendkurs an?	
4. Wann ist der Kurs zu Ende?	am 9. August
5. Gibt es noch freie Plätze im Kurs?	
6. Wie viel kostet der Kurs?	254 €
7. Wie heißt der Kursleiter?	
8. Muss ich einen Einstufungstest machen?	Ja
9. Wo findet der Kurs statt?	
10. Wie viele Teilnehmer sind im Kurs?	maximal 18
11. Wo kann ich mich anmelden?	
12. Wann kann ich mich anmelden?	immer montags bis freitags, von 9–12 Uhr
13. Wann ist die nächste Prüfung?	
14. Bis wann muss ich mich für die Prüfung anmelden?	spätestens am 1. September

Haben Sie noch freie Zimmer?

1 Sie arbeiten an der Rezeption des Hotels „City" in Hamburg.
Eine Person ruft an und erkundigt sich nach freien Zimmern.
Sie haben am Wochenende noch drei freie Doppelzimmer.

> *Hotel City. Mein Name ist …*
> *Was kann ich für Sie tun?*

> *Guten Tag, mein Name ist …*
> *Ich bin nächstes Wochenende*
> *in Hamburg und suche ein Doppelzimmer*
> *für Freitag und Samstag.*
> *Haben Sie noch freie Zimmer?*

> *Einen Moment. Ich schaue mal nach,*
> *Ja, wir haben noch drei freie Doppelzimmer.*

> *Ich hätte noch ein paar Fragen …*

2 Der Anrufer / Die Anruferin hat noch einige Fragen. Geben Sie die gewünschten
Informationen:

Zimmerpreis (pro Person und Nacht)	99,00 EUR; exkl. Frühstück (+ 12,00 EUR)
Hotelausstattung	Restaurant, kostenlose Parkplätze
Zimmerausstattung	Internetanschluss, Badezimmer, Kabelfernsehen, Klimaanlage
Lage	10 Minuten zum Zentrum; 250 m zur U-Bahn
Wellnessangebote	Sauna, Fitnessstudio
Öffnungszeiten	Rezeption 0:00 – 24:00
Serviceleistungen	kostenlose Stornierung bis 1 Tag vor Anreise möglich

Haben Sie noch freie Zimmer?

1 Sie fahren am Wochenende nach Hamburg und möchten ein Doppelzimmer buchen. Rufen Sie das Hotel „City" an.

> *Hotel City. Mein Name ist ... Was kann ich für Sie tun?*

> *Guten Tag, mein Name ist ... Ich bin nächstes Wochenende in Hamburg und suche ein Doppelzimmer für Freitag und Samstag. Haben Sie noch freie Zimmer?*

> *Einen Moment. Ich schaue mal nach, Ja, wir haben noch drei freie Doppelzimmer.*

> *Ich hätte noch ein paar Fragen ...*

2 Fragen Sie und machen Sie Notizen zu folgenden Punkten:

Doppelzimmer frei	ja
Preis für zwei Übernachtungen	
Frühstück	
Lage des Hotels (zentral, U-Bahn oder Bus in der Nähe ...)	
Parkplätze	
Restaurant	
Zimmerausstattung (Klimaanlage, Internetanschluss ...)	
Wellnessangebote (Sauna, Schwimmbad, Fitnessstudio ...)	
Öffnungszeiten	
Stornierung möglich	

3 Bedanken Sie sich für die Informationen, buchen Sie ein Doppelzimmer und verabschieden Sie sich.

Was macht Jens Spaß?

Was macht Jens/Silke/... Spaß?	Ihm/Ihr macht es Spaß, ... zu ...
Was findet Jens/Silke/... wichtig?	Er/Sie findet es wichtig, ... zu ...
Was findet Jens/Silke/... langweilig?	Er/Sie findet es langweilig, ... zu ...
Was hat Jens/Silke/... am Wochenende vor?	Er/Sie hat vor, ... zu ...
Was macht Ihnen/dir Spaß?	Mir macht es Spaß, ... zu ...
Was finden Sie / findest du ...	Ich finde es wichtig, ... zu ...

	Spaß	wichtig	langweilig	vorhaben
Jens	ins Kino gehen		fernsehen	
Silke		gesund essen		ein Picknick machen
Britta	im Internet surfen		ins Theater gehen	
Carla		viel Wasser trinken		ins Schwimmbad gehen
Andreas			wandern	die Wohnung aufräumen
ich				
mein/e Partner/in				

Was macht Jens Spaß?

Was macht Jens/Silke/... Spaß? | Ihm/Ihr macht es Spaß, ... zu ...
Was findet Jens/Silke/... wichtig? | Er/Sie findet es wichtig, ... zu ...
Was findet Jens/Silke/... langweilig? | Er/Sie findet es langweilig, ... zu ...
Was hat Jens/Silke/... am Wochenende vor? | Er/Sie hat vor, ... zu ...
Was macht Ihnen/dir Spaß? | Mir macht es Spaß, ... zu ...
Was finden Sie / findest du ... | Ich finde es wichtig, ... zu ...

	Spaß	wichtig	langweilig	vorhaben
Jens		Sport machen		einen Ausflug machen
Silke	in die Disko gehen		Fußball im Fernsehen sehen	
Britta		viel Obst essen		nach London fliegen
Carla	mit Freunden chatten		spazieren gehen	
Andreas	Fußball spielen	gut frühstücken		
ich				
mein/e Partner/in				

Was hat Oma Hilde mit 5 Jahren gemacht?

Was hat Oma Hilde
mit 5 Jahren gemacht?

Als Oma Hilde 5 Jahre alt war,
hat sie Fahrrad fahren gelernt.

1 **Fragen Sie Ihre Partnerin / Ihren Partner nach den fehlenden Informationen und notieren Sie diese in der Tabelle.**

5 Jahre	6 Jahre	13 Jahre	19 Jahre
Sie hat Fahrrad fahren gelernt.		Sie hat ihren ersten Kuss bekommen.	
20 Jahre	**22 Jahre**	**25 Jahre**	**26 Jahre**
Sie hat ihr Studium begonnen.	Sie hat Urlaub in Italien gemacht.		
27 Jahre	**28 Jahre**	**30 Jahre**	**32 Jahre**
	Sie hat ihr erstes Kind bekommen.		Sie hatte einen schweren Unfall.
35 Jahre	**52 Jahre**	**53 Jahre**	**54 Jahre**
		Sie ist in eine neue Wohnung gezogen.	Sie hat den Motorrad-Führerschein gemacht.
55 Jahre	**58 Jahre**	**60 Jahre**	**62 Jahre**
Sie hat ein Motorrad gekauft.		Sie ist zum ersten Mal Oma geworden.	

Was hat Oma Hilde mit 5 Jahren gemacht?

Was hat Oma Hilde mit 6 Jahren gemacht?

Als Oma Hilde 6 Jahre alt war, ist sie in die Schule gekommen.

1 **Fragen Sie Ihre Partnerin / Ihren Partner nach den fehlenden Informationen und notieren Sie diese in der Tabelle.**

5 Jahre	6 Jahre	13 Jahre	19 Jahre
	Sie ist in die Schule gekommen.		Sie hat Abitur gemacht.
20 Jahre	**22 Jahre**	**25 Jahre**	**26 Jahre**
		Sie hat ihr Studium abgeschlossen.	Sie hat ihren Führerschein gemacht.
27 Jahre	**28 Jahre**	**30 Jahre**	**32 Jahre**
Sie hat geheiratet.		Sie hat ihr zweites Kind bekommen.	
35 Jahre	**52 Jahre**	**53 Jahre**	**54 Jahre**
Sie hat eine Stelle als Ingenieurin gefunden.	Ihr Mann ist gestorben.		
55 Jahre	**58 Jahre**	**60 Jahre**	**62 Jahre**
	Sie hat zum zweiten Mal geheiratet.		Sie hat angefangen, Chinesisch zu lernen.

Was hast du heute gekocht?

1 Was denken Sie? Wer hat die folgenden Sätze gesagt? Ein Mann oder eine Frau?
Kreuzen Sie an, ob der Satz für Sie eher „typisch Mann" oder „typisch Frau" ist.
Vergleichen und diskutieren Sie dann mit Ihrer Partnerin / Ihrem Partner.

Satz	Typisch Mann	Typisch Frau	Weiß nicht
1. „Schatz, ich habe nichts anzuziehen."	❑	❑	❑
2. „Ich liebe es einzukaufen."	❑	❑	❑
3. „Ich freue mich schon auf das Fußballspiel heute Abend."	❑	❑	❑
4. „Ist noch Bier im Kühlschrank?"	❑	❑	❑
5. „Haben die Kinder sich die Zähne geputzt?"	❑	❑	❑
6. „Am Samstag mähe ich den Rasen."	❑	❑	❑
7. „Morgen habe ich einen Friseurtermin."	❑	❑	❑
8. „Ich bin so müde."	❑	❑	❑
9. „Mein Rücken tut so weh."	❑	❑	❑
10. „Wollen wir heute Abend ins Kino gehen?"	❑	❑	❑
11. „Habe ich zugenommen?"	❑	❑	❑
12. „Soll ich dir einen Kaffee machen?"	❑	❑	❑

2 Schreiben Sie zusammen mit Ihrer Partnerin / Ihrem Partner fünf typische „Männersätze" und
fünf typische „Frauensätze".

Was hast du heute gekocht?

1 Was denken Sie? Wer hat die folgenden Sätze gesagt? Ein Mann oder eine Frau?
Kreuzen Sie an, ob der Satz für Sie eher „typisch Mann" oder „typisch Frau" ist.
Vergleichen und diskutieren Sie dann mit Ihrer Partnerin / Ihrem Partner.

Satz	Typisch Mann	Typisch Frau	Weiß nicht
1. „Schatz, ich habe nichts anzuziehen."	❑	❑	❑
2. „Ich liebe es einzukaufen."	❑	❑	❑
3. „Ich freue mich schon auf das Fußballspiel heute Abend."	❑	❑	❑
4. „Ist noch Bier im Kühlschrank?"	❑	❑	❑
5. „Haben die Kinder sich die Zähne geputzt?"	❑	❑	❑
6. „Am Samstag mähe ich den Rasen."	❑	❑	❑
7. „Morgen habe ich einen Friseurtermin."	❑	❑	❑
8. „Ich bin so müde."	❑	❑	❑
9. „Mein Rücken tut so weh."	❑	❑	❑
10. „Wollen wir heute Abend ins Kino gehen?"	❑	❑	❑
11. „Habe ich zugenommen?"	❑	❑	❑
12. „Soll ich dir einen Kaffee machen?"	❑	❑	❑

2 Schreiben Sie zusammen mit Ihrer Partnerin / Ihrem Partner fünf typische „Männersätze" und
fünf typische „Frauensätze".

Wer ist eigentlich Mario Teschner?

1 Fragen Sie Ihre Partnerin / Ihren Partner und beantworten Sie ihre/seine Fragen. Benutzen Sie wie im Beispiel Relativsätze.

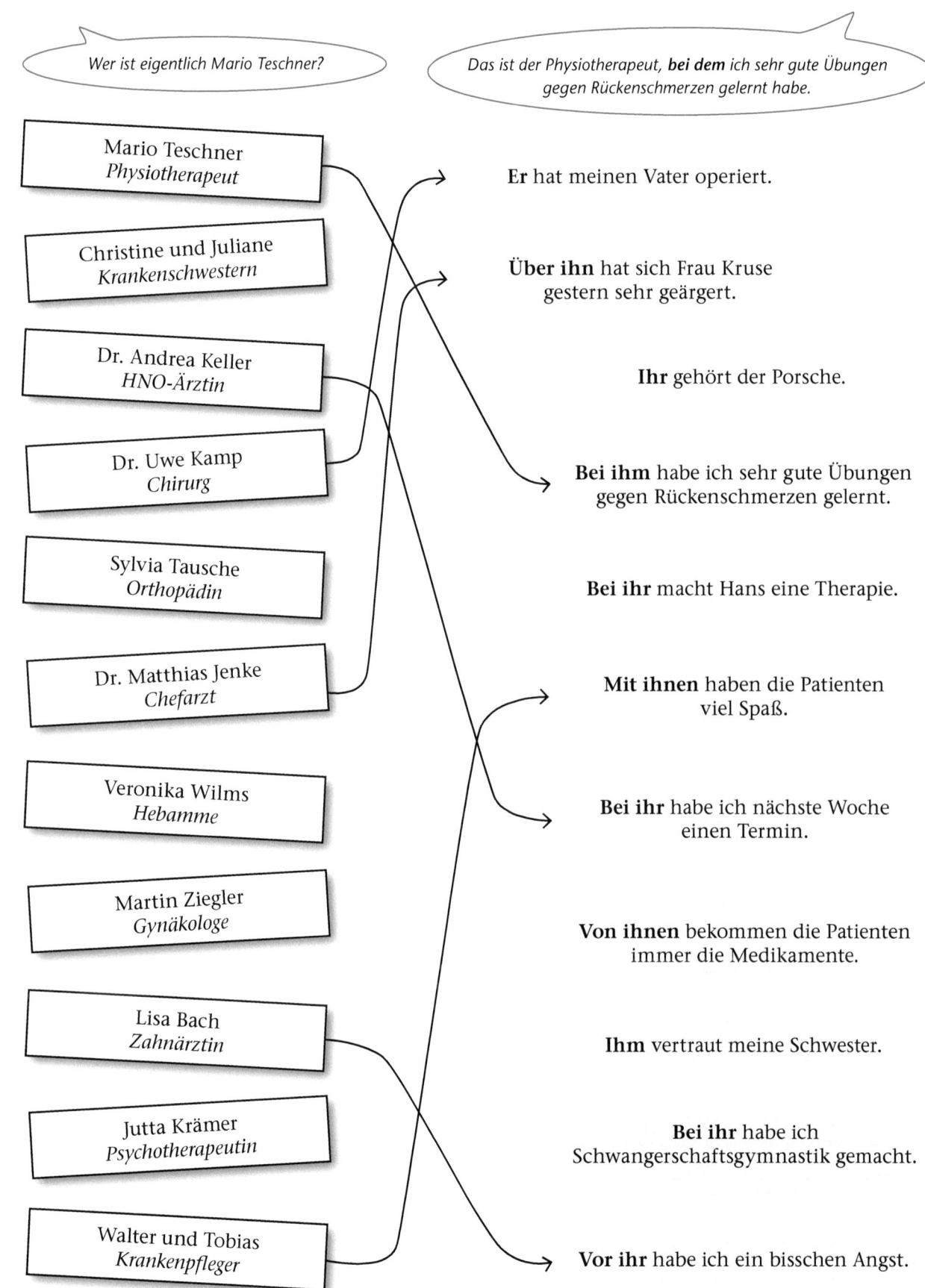

Wer ist eigentlich Mario Teschner?

Das ist der Physiotherapeut, *bei dem* ich sehr gute Übungen gegen Rückenschmerzen gelernt habe.

Mario Teschner
Physiotherapeut

Christine und Juliane
Krankenschwestern

Dr. Andrea Keller
HNO-Ärztin

Dr. Uwe Kamp
Chirurg

Sylvia Tausche
Orthopädin

Dr. Matthias Jenke
Chefarzt

Veronika Wilms
Hebamme

Martin Ziegler
Gynäkologe

Lisa Bach
Zahnärztin

Jutta Krämer
Psychotherapeutin

Walter und Tobias
Krankenpfleger

Er hat meinen Vater operiert.

Über ihn hat sich Frau Kruse gestern sehr geärgert.

Ihr gehört der Porsche.

Bei ihm habe ich sehr gute Übungen gegen Rückenschmerzen gelernt.

Bei ihr macht Hans eine Therapie.

Mit ihnen haben die Patienten viel Spaß.

Bei ihr habe ich nächste Woche einen Termin.

Von ihnen bekommen die Patienten immer die Medikamente.

Ihm vertraut meine Schwester.

Bei ihr habe ich Schwangerschaftsgymnastik gemacht.

Vor ihr habe ich ein bisschen Angst.

Wer ist eigentlich Mario Teschner?

1 **Fragen Sie Ihre Partnerin / Ihren Partner und beantworten Sie Ihre/seine Fragen.**
Benutzen Sie wie im Beispiel Relativsätze.

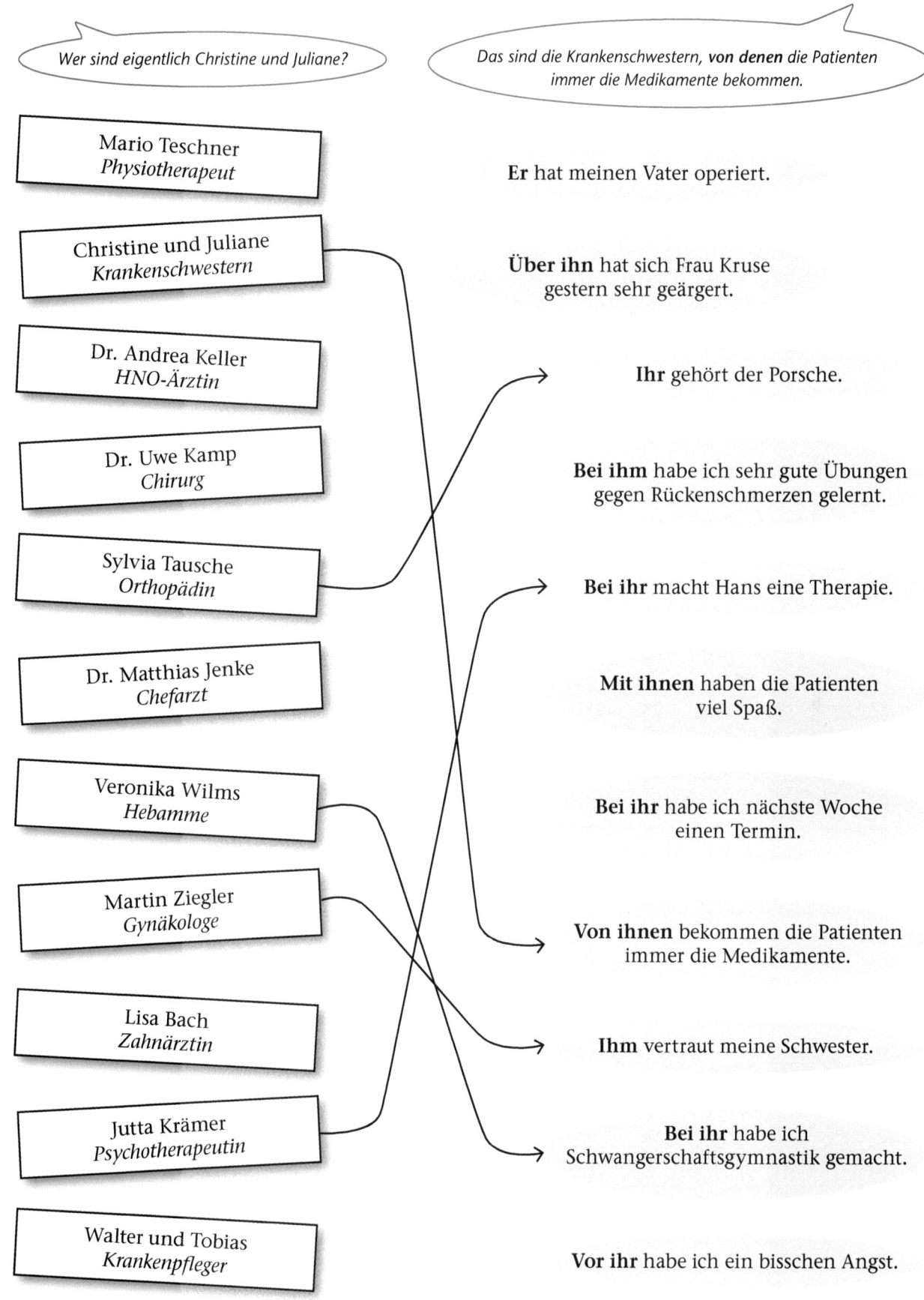

Wer sind eigentlich Christine und Juliane?

*Das sind die Krankenschwestern, **von denen** die Patienten immer die Medikamente bekommen.*

Mario Teschner
Physiotherapeut

Christine und Juliane
Krankenschwestern

Dr. Andrea Keller
HNO-Ärztin

Dr. Uwe Kamp
Chirurg

Sylvia Tausche
Orthopädin

Dr. Matthias Jenke
Chefarzt

Veronika Wilms
Hebamme

Martin Ziegler
Gynäkologe

Lisa Bach
Zahnärztin

Jutta Krämer
Psychotherapeutin

Walter und Tobias
Krankenpfleger

Er hat meinen Vater operiert.

Über ihn hat sich Frau Kruse gestern sehr geärgert.

Ihr gehört der Porsche.

Bei ihm habe ich sehr gute Übungen gegen Rückenschmerzen gelernt.

Bei ihr macht Hans eine Therapie.

Mit ihnen haben die Patienten viel Spaß.

Bei ihr habe ich nächste Woche einen Termin.

Von ihnen bekommen die Patienten immer die Medikamente.

Ihm vertraut meine Schwester.

Bei ihr habe ich Schwangerschaftsgymnastik gemacht.

Vor ihr habe ich ein bisschen Angst.

Wozu fährt Lilly nach Berlin?

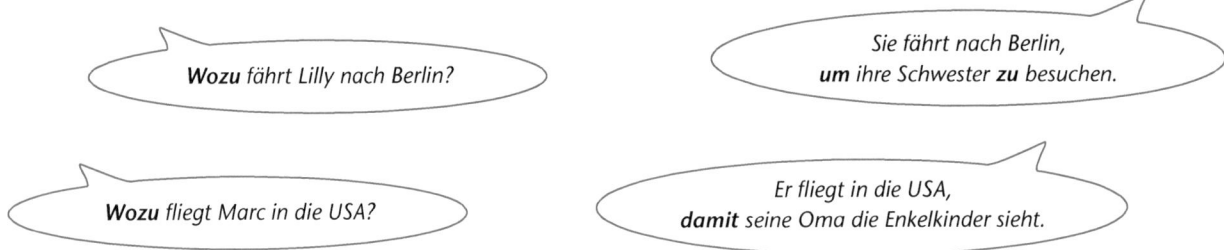

Wozu fährt Lilly nach Berlin?

Sie fährt nach Berlin,
um ihre Schwester *zu* besuchen.

Wozu fliegt Marc in die USA?

Er fliegt in die USA,
damit seine Oma die Enkelkinder sieht.

1 Fragen Sie Ihre Partnerin / Ihren Partner nach den fehlenden Informationen und schreiben Sie diese in die Tabelle.

Lilly fährt nach Berlin.	Marc fliegt in die USA.	Magdalena macht in Italien Urlaub.
Sie will ihre Schwester besuchen.	Seine Oma will die Enkelkinder sehen.	Sie möchte ihr Italienisch verbessern.

Barbara macht eine Diät.	Franz liest jeden Tag die Zeitung.	Herr Bühler kauft ein Auto für seine Tochter.
	Er möchte gut informiert sein.	

Udo hilft seiner Freundin bei der Prüfungsvorbereitung.	Elke fährt zum Flughafen.	Daniela hört morgens immer Radio.
Sie besteht die Prüfung.	Sie will ihre Tante abholen.	

Tatjanas Eltern haben ihr Geld gegeben.	Nina macht in den Semesterferien ein Praktikum.	Familie Bieler sucht ein Haus mit Garten.
		Die Kinder können draußen spielen.

Samira trainiert jeden Tag zwei Stunden.	Erika ist in einem Sportverein.	Diego fährt mit dem Fahrrad zur Arbeit.
Ihr Trainer ist zufrieden.	Sie kann mit anderen zusammen Sport machen.	

Wozu fährt Lilly nach Berlin?

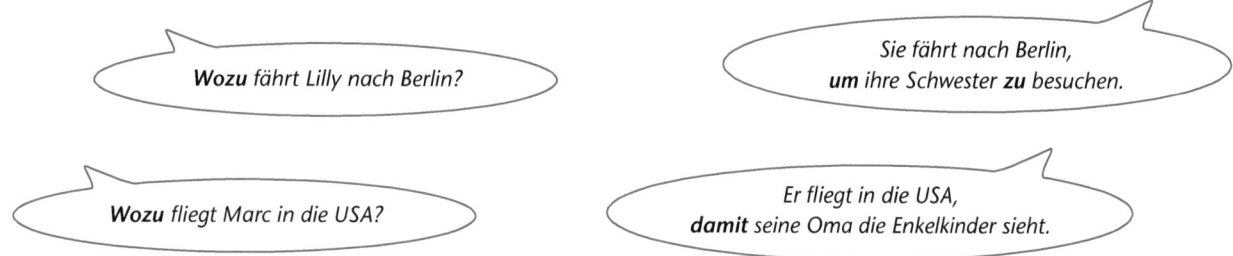

Wozu fährt Lilly nach Berlin?

Sie fährt nach Berlin,
um ihre Schwester *zu* besuchen.

Wozu fliegt Marc in die USA?

Er fliegt in die USA,
damit seine Oma die Enkelkinder sieht.

1 Fragen Sie Ihre Partnerin / Ihren Partner nach den fehlenden Informationen und schreiben Sie diese in die Tabelle.

Lilly fährt nach Berlin.	Marc fliegt in die USA.	Magdalena macht in Italien Urlaub.
Sie will ihre Schwester besuchen.	Seine Oma will die Enkelkinder sehen.	

Barbara macht eine Diät.	Franz liest jeden Tag die Zeitung.	Herr Bühler kauft ein Auto für seine Tochter.
Sie will abnehmen.		Sie kann mit dem Auto zur Arbeit fahren.

Udo hilft seiner Freundin bei der Prüfungsvorbereitung.	Elke fährt zum Flughafen.	Daniela hört morgens immer Radio.
		Sie wacht besser auf.

Tatjanas Eltern haben ihr Geld gegeben.	Nina macht in den Semesterferien ein Praktikum.	Familie Bieler sucht ein Haus mit Garten.
Sie kann sich ein neues Fahrrad kaufen.	Sie will Erfahrungen sammeln.	

Samira trainiert jeden Tag zwei Stunden.	Erika ist in einem Sportverein.	Diego fährt mit dem Fahrrad zur Arbeit.
		Seine Frau kann das Auto nehmen.

Trotz starken Regens ...

1 Lesen Sie einen Satzanfang von Ihrem Arbeitsblatt vor. Ihr/e Partner/in versucht das Satzende zu ergänzen. Dann liest Ihr/e Partner/in einen Satzanfang vor und Sie ergänzen das Satzende.
Manchmal gibt es mehrere Möglichkeiten.
Sie sollen die Satzteile von Ihrer Partnerin / Ihrem Partner nicht sehen.

> A: Trotz starken Regens ...

> B: ... ist sie mit dem Fahrrad gefahren.

> B: Wegen des Staus ...

> A: ... kam er zu spät zur Besprechung.

... hat sie ihn geheiratet.

Weil sie aufs Land gezogen ist, ...

Obwohl sie nicht so viel Geld hat, ...

... hat sie es umgetauscht.

... isst er jeden Tag Kuchen.

Wegen einer Demonstration ...

Trotz starken Regens ...

... ist er heute nicht zur Arbeit gegangen.

... hat er die Prüfung nicht bestanden.

Er raucht sehr viel, ...

Trotz seiner Grippe ...

... hat sie den Rock gekauft.

... hat er gekündigt.

Trotz des schlechten Gehalts ...

Obwohl es kalt ist, ...

... will sie nicht umziehen.

... kam er zu spät zur Besprechung.

Weil er viel gelernt hat, ...

Trotz eines Fahrradunfalls ...

... bekam sie den Kaufpreis erstattet.

Trotz starken Regens …

1 Lesen Sie einen Satzanfang von Ihrem Arbeitsblatt vor. Ihr/e Partner/in versucht das Satzende zu ergänzen. Dann liest Ihr/e Partner/in einen Satzanfang vor und Sie ergänzen das Satzende .
Manchmal gibt es mehrere Möglichkeiten.
Sie sollen die Satzteile von Ihrer Partnerin / Ihrem Partner nicht sehen.

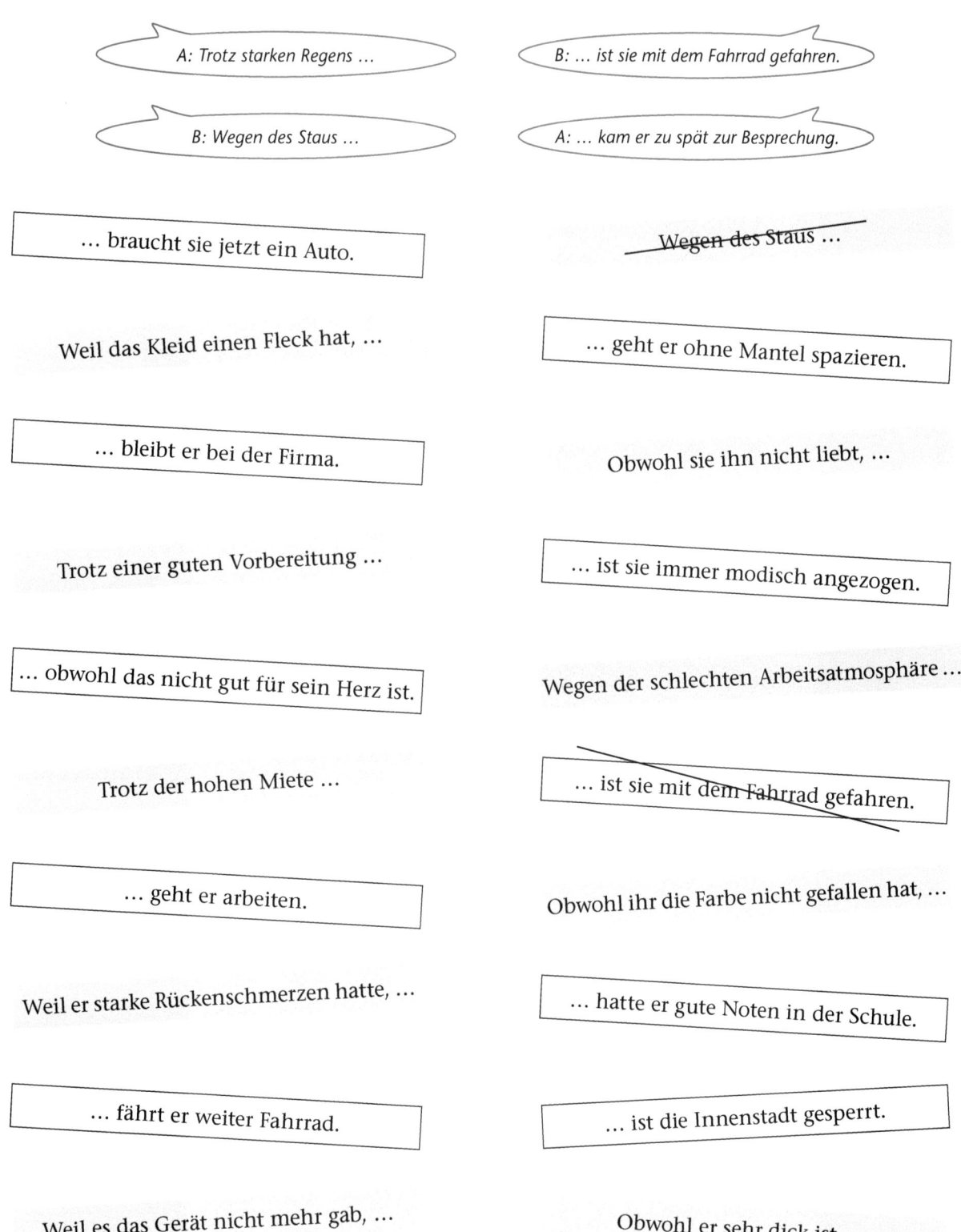

A: Trotz starken Regens …

B: … ist sie mit dem Fahrrad gefahren.

B: Wegen des Staus …

A: … kam er zu spät zur Besprechung.

… braucht sie jetzt ein Auto.

~~Wegen des Staus …~~

Weil das Kleid einen Fleck hat, …

… geht er ohne Mantel spazieren.

… bleibt er bei der Firma.

Obwohl sie ihn nicht liebt, …

Trotz einer guten Vorbereitung …

… ist sie immer modisch angezogen.

… obwohl das nicht gut für sein Herz ist.

Wegen der schlechten Arbeitsatmosphäre …

Trotz der hohen Miete …

~~… ist sie mit dem Fahrrad gefahren.~~

… geht er arbeiten.

Obwohl ihr die Farbe nicht gefallen hat, …

Weil er starke Rückenschmerzen hatte, …

… hatte er gute Noten in der Schule.

… fährt er weiter Fahrrad.

… ist die Innenstadt gesperrt.

Weil es das Gerät nicht mehr gab, …

Obwohl er sehr dick ist, …

Trennen Sie Müll?

1 Sie haben in einer Zeitschrift einen Artikel gefunden, in dem verschiedene Personen ihre Meinung zum Thema Umwelt sagen.

Lesen Sie den Text unten und berichten Sie Ihrer Partnerin / Ihrem Partner, was Horst Jansen zu diesem Thema gesagt hat.

Abfall und Mülltrennung

Ich finde, wir müssen im Alltag, beim Reisen, beim Konsumieren oder beim Essen weniger Abfall produzieren. Ich nehme z. B. immer einen Einkaufskorb zum Einkaufen mit und benutze keine Plastiktüten. Auch trennen meine Frau und ich zu Hause immer den Müll. Das ist zwar manchmal ein bisschen umständlich, aber wir tun das, weil wir den Schutz der Umwelt für ganz wichtig halten.
Wenn wir Menschen immer mehr Müll produzieren, machen wir die ganze Natur kaputt.

Horst Jansen, 37 Jahre

> *In meinem Text geht es um das Thema Abfall und Mülltrennung.*
> *Herr Jansen ist der Meinung,*
> *dass wir weniger Abfall produzieren müssen. Er …*

2 Danach erzählen Sie über Ihre eigenen Erfahrungen und tauschen sich mit Ihrer Partnerin / Ihrem Partner über das Thema aus. Sie können folgende Redemittel benutzen:

> Ich denke/glaube/finde …
> Ich bin der Meinung, dass …
> Meiner Meinung nach …
> In meinem Heimatland …
> Was denken Sie / denkst du darüber?
> Wie sehen Sie / siehst du das?

Trennen Sie Müll?

1 Sie haben in einer Zeitschrift einen Artikel gefunden, in dem verschiedene Personen ihre Meinung zum Thema Umwelt sagen.

Lesen Sie den Text unten und berichten Sie Ihrer Partnerin / Ihrem Partner, was Eva Sandner zu diesem Thema gesagt hat.

Abfall und Mülltrennung

Diese Mülltrennung in Deutschland wird mir langsam zu viel. In unserer Küche stehen fünf verschiedene Abfalleimer, einer für Papier, einer für Biomüll, einer für Glas, einer für Plastik und einer für den Restmüll. Und dann wird das Glas auch noch nach verschiedenen Farben sortiert. Ich finde das zu viel und ziemlich verrückt. In anderen Ländern trennt man den Müll überhaupt nicht. Das finde ich auch nicht gut, aber man muss auch nicht alles übertreiben.

Eva Sandner, 41 Jahre

> *In meinem Text geht es um das Thema Abfall und Mülltrennung.*
> *Frau Sandner wird die Mülltrennung in Deutschland langsam zu viel.*
> *Sie sagt, dass in ihrer Küche ...*

2 Danach erzählen Sie über Ihre eigenen Erfahrungen und tauschen sich mit Ihrer Partnerin / Ihrem Partner über das Thema aus. Sie können folgende Redemittel benutzen:

> Ich denke/glaube/finde ...
> Ich bin der Meinung, dass ...
> Meiner Meinung nach ...
> In meinem Heimatland ...
> Was denken Sie / denkst du darüber?
> Wie sehen Sie / siehst du das?

Ist das Ihr Hund da drüben?

1 Unten sehen Sie vier verschiedene Situationen und den Anfang einer Unterhaltung.
Machen Sie sich zunächst allein ein paar Gedanken und Notizen, wie die Dialoge
weitergehen könnten. Spielen Sie dann mit Ihrer Partnerin / Ihrem Partner die Dialoge.

Dialog 1: Auf der Straße

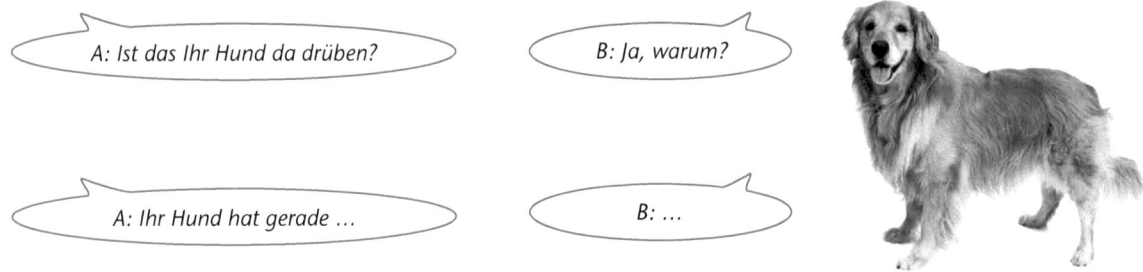

A: Ist das Ihr Hund da drüben?

B: Ja, warum?

A: Ihr Hund hat gerade …

B: …

Dialog 2: Im Büro

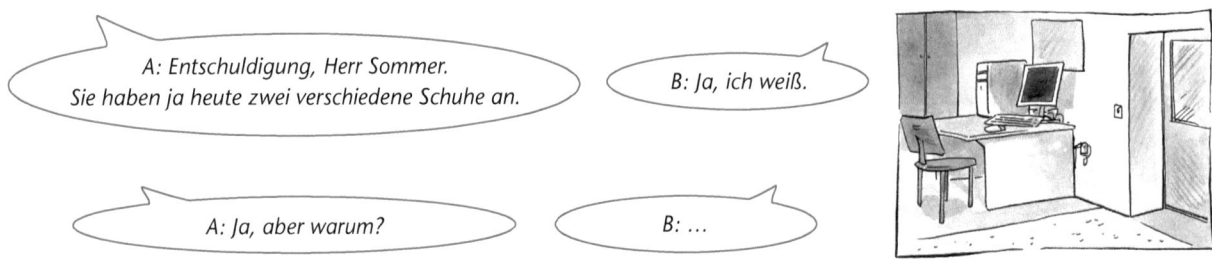

*A: Entschuldigung, Herr Sommer.
Sie haben ja heute zwei verschiedene Schuhe an.*

B: Ja, ich weiß.

A: Ja, aber warum?

B: …

Dialog 3: Im Café

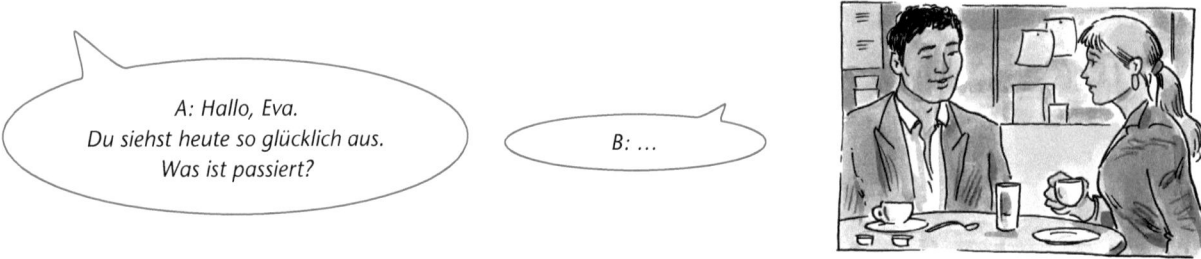

*A: Hallo, Eva.
Du siehst heute so glücklich aus.
Was ist passiert?*

B: …

Dialog 4: Am Telefon

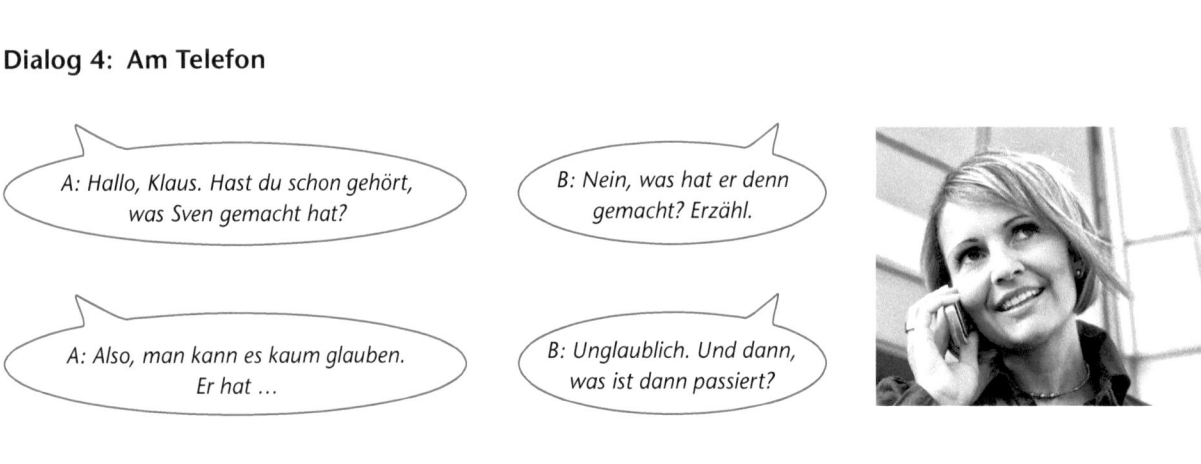

*A: Hallo, Klaus. Hast du schon gehört,
was Sven gemacht hat?*

*B: Nein, was hat er denn
gemacht? Erzähl.*

*A: Also, man kann es kaum glauben.
Er hat …*

*B: Unglaublich. Und dann,
was ist dann passiert?*

Ist das Ihr Hund da drüben?

1 Unten sehen Sie vier verschiedene Situationen und den Anfang einer Unterhaltung. Machen Sie sich zunächst allein ein paar Gedanken und Notizen, wie die Dialoge weitergehen könnten. Spielen Sie dann mit Ihrer Partnerin / Ihrem Partner die Dialoge.

Dialog 1: Auf der Straße

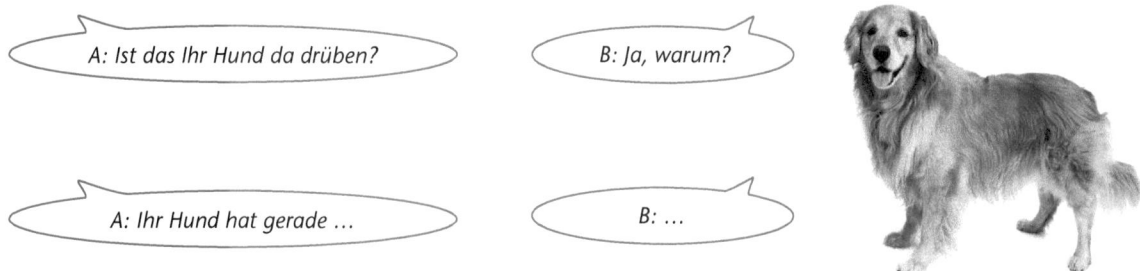

Dialog 2: Im Büro

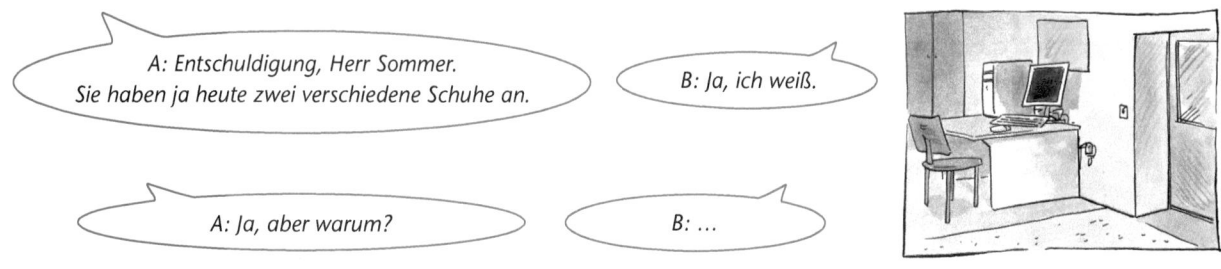

Dialog 3: Im Café

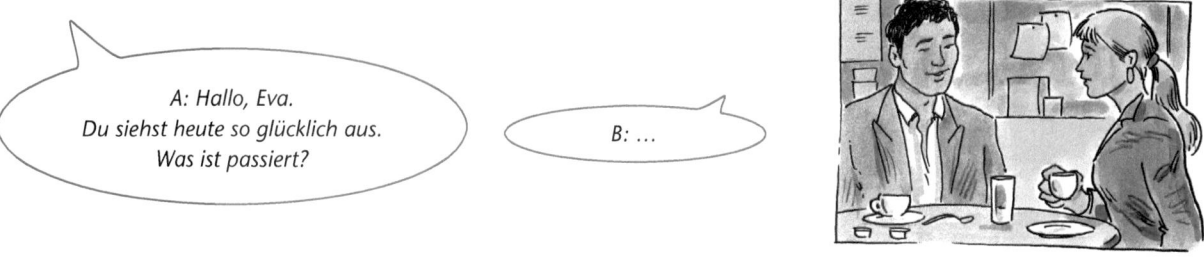

Dialog 4: Am Telefon

Was ist für Sie wichtig?

1 Arbeiten Sie zunächst allein. Markieren Sie jeweils, wie wichtig die genannten Punkte für Sie sind. (6 = sehr wichtig, 0 = unwichtig)

1. Ich möchte in einem Büro arbeiten.	6	5	4	3	2	1	0
2. Ich möchte in einem netten Team arbeiten.	6	5	4	3	2	1	0
3. Ich will am Wochenende frei haben.	6	5	4	3	2	1	0
4. Ich möchte sehr viel verdienen.	6	5	4	3	2	1	0
5. Ich möchte bei der Arbeit viel reisen.	6	5	4	3	2	1	0
6. Ich möchte handwerklich arbeiten.	6	5	4	3	2	1	0
7. Ich möchte einen festen und sicheren Arbeitsplatz haben.	6	5	4	3	2	1	0
8. Ich möchte Karriere machen.	6	5	4	3	2	1	0
9. Der Chef / Die Chefin sollte fair und kompetent sein.	6	5	4	3	2	1	0
10. Ich will selbstständig arbeiten können.	6	5	4	3	2	1	0
11. Ich will an der frischen Luft arbeiten.	6	5	4	3	2	1	0
12. Die Arbeit sollte Spaß machen und kreativ sein.	6	5	4	3	2	1	0

2 Vergleichen Sie Ihre Tabelle mit der Tabelle von Ihrer Partnerin / Ihrem Partner und tauschen Sie sich aus.

Für mich ist es sehr wichtig, am Wochenende frei zu haben, weil ich da Zeit für die Familie haben will.

Das finde ich nicht so wichtig. Für mich ist es wichtiger, in einem netten Team zu arbeiten.

Was ist für Sie wichtig?

1 Arbeiten Sie zunächst allein. Markieren Sie jeweils, wie wichtig die genannten Punkte für Sie sind. (6 = sehr wichtig, 0 = unwichtig)

1. Ich möchte in einem Büro arbeiten.	6	5	4	3	2	1	0
2. Ich möchte in einem netten Team arbeiten.	6	5	4	3	2	1	0
3. Ich will am Wochenende frei haben.	6	5	4	3	2	1	0
4. Ich möchte sehr viel verdienen.	6	5	4	3	2	1	0
5. Ich möchte bei der Arbeit viel reisen.	6	5	4	3	2	1	0
6. Ich möchte handwerklich arbeiten.	6	5	4	3	2	1	0
7. Ich möchte einen festen und sicheren Arbeitsplatz haben.	6	5	4	3	2	1	0
8. Ich möchte Karriere machen.	6	5	4	3	2	1	0
9. Der Chef / Die Chefin sollte fair und kompetent sein.	6	5	4	3	2	1	0
10. Ich will selbstständig arbeiten können.	6	5	4	3	2	1	0
11. Ich will an der frischen Luft arbeiten.	6	5	4	3	2	1	0
12. Die Arbeit sollte Spaß machen und kreativ sein.	6	5	4	3	2	1	0

2 Vergleichen Sie Ihre Tabelle mit der Tabelle von Ihrer Partnerin / Ihrem Partner und tauschen Sie sich aus.

Für mich ist es sehr wichtig, am Wochenende frei zu haben, weil ich da Zeit für die Familie haben will.

Das finde ich nicht so wichtig. Für mich ist es wichtiger, in einem netten Team zu arbeiten.

Welche Sprachen sprechen Sie?

TSCHÜS

auf Wiedersehen

Pa

Пока

Adeus

hej då

au revoir

bye bye

güle güle

ciao

arrivederci

ADIÓS

До свидáния

salut

Do widzenia

1 Machen Sie Notizen zu den Fragen und fragen Sie dann Ihre Partnerin / Ihren Partner.

	ich	mein/e Partner/in
1. Welche Sprachen sprechen Sie?		
2. Wo haben Sie diese Sprachen gelernt?		
3. Wie lernen Sie am liebsten eine Fremdsprache? Haben Sie gute Tipps für das Sprachenlernen?		
4. Wann und wo haben Sie angefangen, Deutsch zu lernen?		
5. Was war Ihr erstes deutsches Wort?		
6. Was finden Sie an der deutschen Sprache schön?		
7. Was finden Sie an der deutschen Sprache schrecklich bzw. schwierig?		
8. Was ist Ihr Lieblingswort auf Deutsch?		
9. Kennen Sie ein deutsches Sprichwort?		
10. Welche Sprachen würden Sie noch gerne lernen?		

Welche Sprachen sprechen Sie?

TSCHÜS

auf Wiedersehen

Pa

Пока

Adeus

hej då

au revoir

bye bye

güle güle

ciao

arrivederci

ADIÓS

До свидáния

salut

Do widzenia

1 Machen Sie Notizen zu den Fragen und fragen Sie dann Ihre Partnerin / Ihren Partner.

	ich	mein/e Partner/in
1. Welche Sprachen sprechen Sie?		
2. Wo haben Sie diese Sprachen gelernt?		
3. Wie lernen Sie am liebsten eine Fremdsprache? Haben Sie gute Tipps für das Sprachenlernen?		
4. Wann und wo haben Sie angefangen, Deutsch zu lernen?		
5. Was war Ihr erstes deutsches Wort?		
6. Was finden Sie an der deutschen Sprache schön?		
7. Was finden Sie an der deutschen Sprache schrecklich bzw. schwierig?		
8. Was ist Ihr Lieblingswort auf Deutsch?		
9. Kennen Sie ein deutsches Sprichwort?		
10. Welche Sprachen würden Sie noch gerne lernen?		

Mögen Sie Katzen?

1 Arbeiten Sie zunächst allein. Lesen Sie die folgenden Aussagen und entscheiden Sie, ob die Aussagen auf Ihre Partnerin / Ihren Partner zutreffen oder nicht. Kreuzen Sie entsprechend „ja" oder „nein" an.

Mein/e Partner/in …	Ja	Nein	korrekt
1. … mag Katzen.	❑	❑	❑
2. … trinkt gern Kaffee.	❑	❑	❑
3. … geht gern ins Kino.	❑	❑	❑
4. … interessiert sich für Fußball.	❑	❑	❑
5. … hat gestern Abend ferngesehen.	❑	❑	❑
6. … hat mehr als zwei Geschwister.	❑	❑	❑
7. … war schon einmal auf dem Oktoberfest in München.	❑	❑	❑
8. … kann gut Schach spielen.	❑	❑	❑
9. … ist sehr sparsam.	❑	❑	❑
10. … hat mehr als 20 Paar Schuhe.	❑	❑	❑
11. … kann ein Instrument spielen.	❑	❑	❑
12. … hat Angst vor Hunden.	❑	❑	❑
13. … ist Vegetarier/in.	❑	❑	❑
14. … hat schon einmal eine Diät gemacht.	❑	❑	❑
15. … war in der Schule gut in Mathematik.	❑	❑	❑

2 Überprüfen Sie, ob Ihre Vermutungen korrekt waren, indem Sie Ihre Partnerin / Ihren Partner fragen. Wenn Sie mit Ihrer Vermutung richtig lagen, markieren Sie das in der Spalte „korrekt". Wer die meisten richtigen Vermutungen hatte, hat gewonnen.

Mögen Sie Katzen?

Interessieren Sie sich für Fußball?

Waren Sie schon einmal auf dem Oktoberfest in München?

Mögen Sie Katzen?

1 Arbeiten Sie zunächst allein. Lesen Sie die folgenden
Aussagen und entscheiden Sie, ob die Aussagen
auf Ihre Partnerin / Ihren Partner zutreffen oder nicht.
Kreuzen Sie entsprechend „ja" oder „nein" an.

Mein/e Partner/in ...	Ja	Nein	korrekt
1. ... mag Hunde.	❏	❏	❏
2. ... trinkt gern Tee.	❏	❏	❏
3. ... geht gern in Museen.	❏	❏	❏
4. ... interessiert sich für Literatur.	❏	❏	❏
5. ... hat gestern Abend gekocht.	❏	❏	❏
6. ... ist Einzelkind.	❏	❏	❏
7. ... ist Linkshänder.	❏	❏	❏
8. ... kann sich gut Zahlen merken.	❏	❏	❏
9. ... ist sehr ordentlich.	❏	❏	❏
10. ... hat mehr als fünf Sonnenbrillen.	❏	❏	❏
11. ... hat ein Motorrad.	❏	❏	❏
12. ... hat Angst vor Spinnen.	❏	❏	❏
13. ... fährt gern Fahrrad.	❏	❏	❏
14. ... war/ist in einem Chor.	❏	❏	❏
15. ... war schon einmal auf dem Eiffelturm in Paris.	❏	❏	❏

2 Überprüfen Sie, ob Ihre Vermutungen korrekt waren, indem Sie Ihre Partnerin / Ihren
Partner fragen. Wenn Sie mit Ihrer Vermutung richtig lagen, markieren Sie das in
der Spalte „korrekt". Wer die meisten richtigen Vermutungen hatte, hat gewonnen.

Mögen Sie Hunde?

Interessieren Sie sich für Literatur?

Wie viele Geschwister haben Sie?

Was macht man mit dem Werkzeug?

1 Sie haben die eine Hälfte eines Kreuzworträtsels, Ihr/e Partner/in die andere Hälfte.
Fragen Sie sie/ihn nach den fehlenden Begriffen und erklären Sie die Begriffe,
nach denen sie/er fragt. Sie dürfen die Begriffe selber aber nicht nennen, sondern
Ihr/e Partner/in soll diese anhand Ihrer Beschreibungen herausfinden.
Die Buchstaben in den grauen Feldern ergeben senkrecht das Lösungswort.

Lösungswort: __ __ __ __ __ __ __ __ __ __ __ __

Was ist Nummer 12?

Nr. 12 ist ein Werkzeug. Ein Maurer
benutzt es zum Beispiel, wenn er eine
Mauer baut oder Wände verputzt.

1							

2 S T E T H O S K O P

4 T R A K T O R

6 T A B L E T T

8 S C H E R E

10 K O P I E R E R

11

12 K E L L E

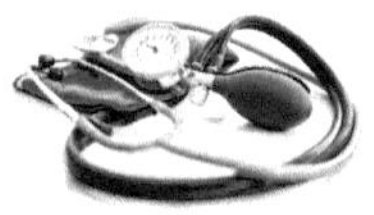

2 Ergänzen Sie gemeinsam mit Ihrer Partnerin / Ihrem Partner die Artikel für die Arbeitsmittel.

Was macht man mit dem Werkzeug?

1 Sie haben die eine Hälfte eines Kreuzworträtsels, Ihr/e Partner/in die andere Hälfte.
Fragen Sie sie/in nach den fehlenden Begriffen und erklären Sie die Begriffe,
nach denen sie/er fragt. Sie dürfen die Begriffe selber aber nicht nennen, sondern
Ihr/e Partner/in soll diese anhand Ihrer Beschreibungen herausfinden.
Die Buchstaben in den grauen Feldern ergeben senkrecht das Lösungswort.

Lösungswort: __ __ __ __ __ __ __ __ __ __ __ __

Was ist Nummer 9?

*Nr. 9 braucht man im Büro, wenn man
Unterlagen oder Formulare in einem Aktenordner
ablegen will. Man muss das Papier
in das Werkzeug legen und drücken.*

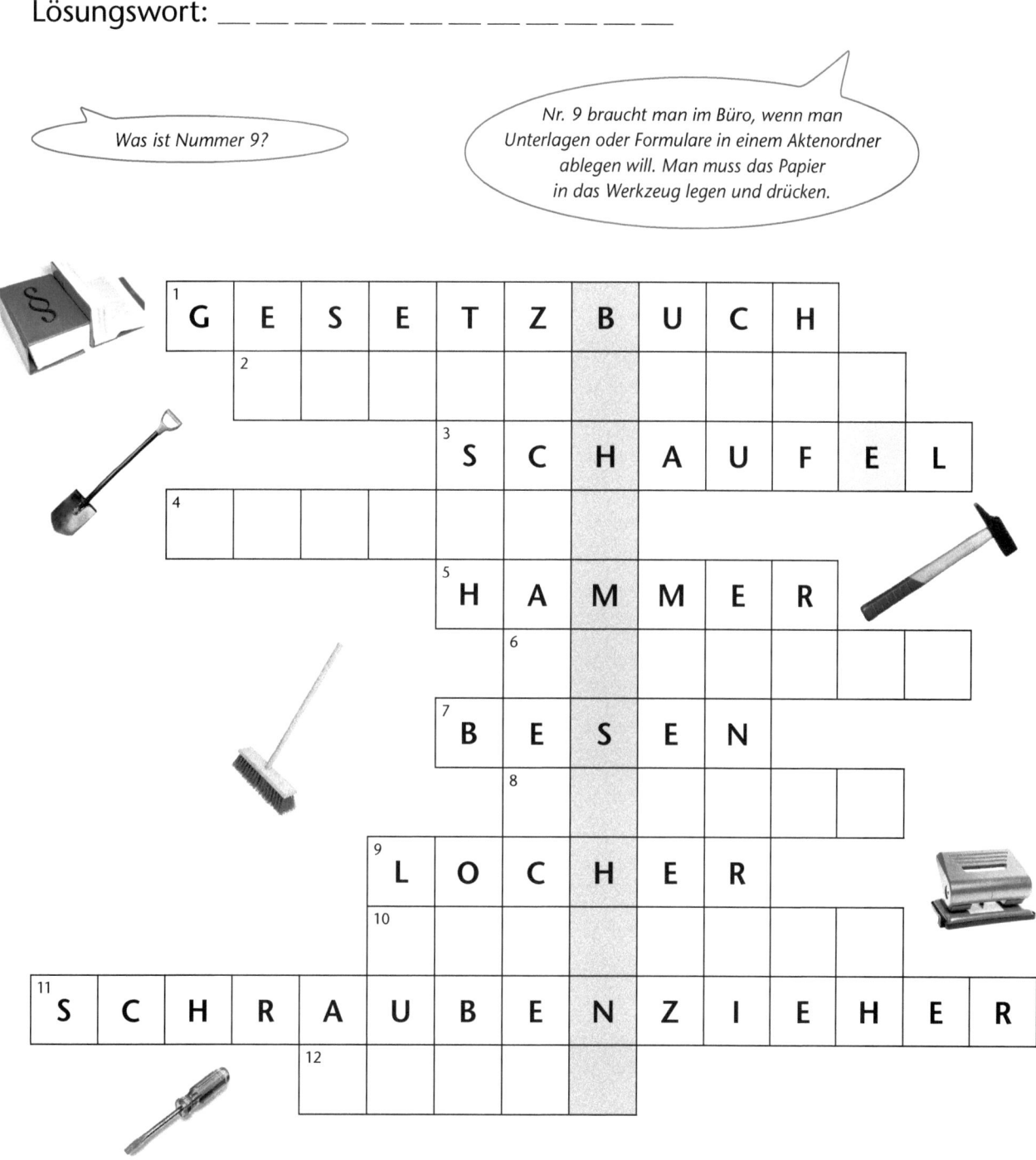

1 G E S E T Z B U C H
2
3 S C H A U F E L
4
5 H A M M E R
6
7 B E S E N
8
9 L O C H E R
10
11 S C H R A U B E N Z I E H E R
12

2 Ergänzen Sie gemeinsam mit Ihrer Partnerin / Ihrem Partner die Artikel für die Arbeitsmittel.

Wie machen Sie gern Urlaub?

1 Arbeiten Sie allein. Lesen Sie die folgenden Aussagen und markieren Sie, welchen der Aussagen (A, B, C) Sie am ehesten zustimmen.

Wann machen Sie am liebsten Urlaub?

A Ich mache am liebsten im Sommer Urlaub. Es kann nicht heiß genug sein. Hauptsache, Sonne und Strand.

B Frühling oder Herbst sind die besten Reisezeiten. Ich mag keine Extremtemperaturen.

C Die richtige Urlaubszeit? So richtig kalt. Dann fühle ich mich wohl. Winter ist einfach die beste Reisezeit.

Wo machen Sie am liebsten Urlaub?

A Am liebsten da, wo ich schon mal war und wo es keine bösen Überraschungen gibt.

B Ich will immer etwas Neues sehen. Deshalb reise ich gern in fremde Städte, wo ich etwas erleben kann.

C Am liebsten auf dem Land, wo es nicht so viel Hektik gibt. Ruhe und Natur sind mir ganz wichtig.

Wie teuer darf Ihr Urlaub sein?

A Der Urlaub darf ruhig etwas kosten. Ich mache dafür nur einmal im Jahr richtig Urlaub.

B Mehr als 1.000 € kann ich mir für den Urlaub nicht leisten.

C Möglichst billig. Deshalb suche ich immer nach Sonderangeboten und Last-Minute-Reisen.

Wie würden Sie gern übernachten?

A Ich zelte gern oder übernachte in meinem Wohnwagen. Da bin ich immer flexibel.

B Am liebsten in einem Luxushotel mit Vollpension. Im Urlaub will ich mir auch etwas gönnen.

C Ich miete am liebsten eine Wohnung oder ein Apartment und verpflege mich selbst.

Was machen Sie gern im Urlaub?

A Nichts tun, faulenzen, in der Sonne liegen, gut essen, lesen, schlafen.

B Ich will im Urlaub etwas sehen. Deshalb gehe ich gern in Museen oder besichtige Kirchen und Schlösser.

C Sport ist ganz wichtig. Ich mache gern Radtouren oder wandere gern.

2 Vergleichen und tauschen Sie sich mit Ihrer Partnerin / Ihrem Partner aus.

3 Planen Sie mit Ihrer Partnerin / Ihrem Partner einen Urlaub, den Sie gemeinsam verbringen wollen (Reiseziel, Reisezeit, Unterkunft ...).

Wie machen Sie gern Urlaub?

1 **Arbeiten Sie allein. Lesen Sie die folgenden Aussagen und markieren Sie, welchen der Aussagen (A, B, C) Sie am ehesten zustimmen.**

Wann machen Sie am liebsten Urlaub?

A Ich mache am liebsten im Sommer Urlaub. Es kann nicht heiß genug sein. Hauptsache, Sonne und Strand.

B Frühling oder Herbst sind die besten Reisezeiten. Ich mag keine Extremtemperaturen.

C Die richtige Urlaubzeit? So richtig kalt. Dann fühle ich mich wohl. Winter ist einfach die beste Reisezeit.

Wo machen Sie am liebsten Urlaub?

A Am liebsten da, wo ich schon mal war und wo es keine bösen Überraschungen gibt.

B Ich will immer etwas Neues sehen. Deshalb reise ich gern in fremde Städte, wo ich etwas erleben kann.

C Am liebsten auf dem Land, wo es nicht so viel Hektik gibt. Ruhe und Natur sind mir ganz wichtig.

Wie teuer darf Ihr Urlaub sein?

A Der Urlaub darf ruhig etwas kosten. Ich mache dafür nur einmal im Jahr richtig Urlaub.

B Mehr als 1.000 € kann ich mir für den Urlaub nicht leisten.

C Möglichst billig. Deshalb suche ich immer nach Sonderangeboten und Last-Minute-Reisen.

Wie würden Sie gern übernachten?

A Ich zelte gern oder übernachte in meinem Wohnwagen. Da bin ich immer flexibel.

B Am liebsten in einem Luxushotel mit Vollpension. Im Urlaub will ich mir auch etwas gönnen.

C Ich miete am liebsten eine Wohnung oder ein Apartment und verpflege mich selbst.

Was machen Sie gern im Urlaub?

A Nichts tun, faulenzen, in der Sonne liegen, gut essen, lesen, schlafen.

B Ich will im Urlaub etwas sehen. Deshalb gehe ich gern in Museen oder besichtige Kirchen und Schlösser.

C Sport ist ganz wichtig. Ich mache gern Radtouren oder wandere gern.

2 **Vergleichen und tauschen Sie sich mit Ihrer Partnerin / Ihrem Partner aus.**

3 **Planen Sie mit Ihrer Partnerin / Ihrem Partner einen Urlaub, den Sie gemeinsam verbringen wollen (Reiseziel, Reisezeit, Unterkunft …).**

Das DINGSDA

1 **Sie fangen an. Lesen Sie die Sätze unten langsam vor. Machen Sie nach jedem Satz eine Pause. In dieser Pause (maximal 10 Sekunden) soll Ihr/e Partner/in auf ihrem/seinem Arbeitsblatt notieren, um was für einen Gegenstand es sich vermutlich bei dem DINGSDA handelt.**

1. Das DINGSDA ist meistens rund.

2. Das DINGSDA passt in jede Tasche.

3. Das DINGSDA gibt es in verschiedenen Farben.

4. Das DINGSDA benutzen mehr Frauen als Männer.

5. Das DINGSDA ist meistens rot.

6. Junge Frauen benutzen das DINGSDA öfter als alte Frauen.

7. Das DINGSDA kann man in der Drogerie kaufen.

8. Frauen benutzen das DINGSDA, um ihre Lippen zu schminken.

Lösung: Lippenstift

2 **Jetzt liest Ihnen Ihr/e Partner/in acht Sätze vor. Schreiben Sie bitte nach jedem Satz, um was für einen Gegenstand es sich vermutlich bei dem DINGSDA handelt. Sie haben dafür maximal zehn Sekunden Zeit.**

Ich vermute, das DINGSDA ist …

1. _____

2. _____

3. _____

4. _____

5. _____

6. _____

7. _____

8. _____

3 **Formulieren Sie gemeinsam mit Ihrer Partnerin / Ihrem Partner ein eigenes DINGSDA-Rätsel nach dem Muster oben. Suchen Sie dann eine neue Partnerin / einen neuen Partner und spielen Sie das DINGSDA-Spiel.**

Das DINGSDA

1 Ihr/e Partner/in liest Ihnen acht Sätze vor. Schreiben Sie bitte nach jedem Satz,
um was für einen Gegenstand es sich vermutlich bei dem DINGSDA handelt. Sie haben dafür
maximal zehn Sekunden Zeit. Dann liest Ihr/e Partner/in den nächsten Satz vor.

Ich vermute, das DINGSDA ist …

1. _____

2. _____

3. _____

4. _____

5. _____

6. _____

7. _____

8. _____

2 Lesen Sie jetzt die Sätze unten langsam vor. Machen Sie nach jedem Satz eine Pause. In dieser
Pause (maximal 10 Sekunden) soll Ihr/e Partner/in auf ihrem/seinem Arbeitsblatt notieren, um
was für einen Gegenstand es sich vermutlich bei dem DINGSDA handelt.

1. Das DINGSDA gibt es in fast jedem Haushalt.

2. Das DINGSDA ist zu groß für eine Tasche.

3. Das DINGSDA gehört nicht zum Reisegepäck.

4. Das DINGSDA benutzen viele Leute mindestens einmal in der Woche.

5. Man kann das DINGSDA im Kaufhaus kaufen.

6. Das DINGSDA ist manchmal sehr laut.

7. Das DINGSDA hat oft zwei Räder.

8. Das DINGSDA benutzt man bei der Wohnungsreinigung.

Lösung: Staubsauger

3 Formulieren Sie gemeinsam mit Ihrer Partnerin / Ihrem Partner ein eigenes DINGSDA-Rätsel
nach dem Muster oben. Suchen Sie dann eine neue Partnerin / einen neuen Partner und
spielen Sie das DINGSDA-Spiel.

Beschreiben Sie den Beruf!

1 Sie haben die eine Hälfte eines Kreuzworträtsels, Ihr/e Partner/in die andere Hälfte.
Fragen Sie sie/ihn nach den fehlenden Berufen und erklären Sie die Berufe, nach denen
Ihr/e Partner/in fragt. Sie dürfen die Berufe selber aber nicht nennen, sondern
Ihr/e Partner/in soll diese anhand Ihrer Beschreibungen herausfinden.
Die Buchstaben in den grauen Feldern ergeben senkrecht das Lösungswort.

*Was ist Nummer 1
von Beruf?*

*Zu dieser Person geht man, wenn man
z. B. Rückenschmerzen hat. Er massiert oder
zeigt Übungen, wie man die Muskulatur
stärken oder entspannen kann.*

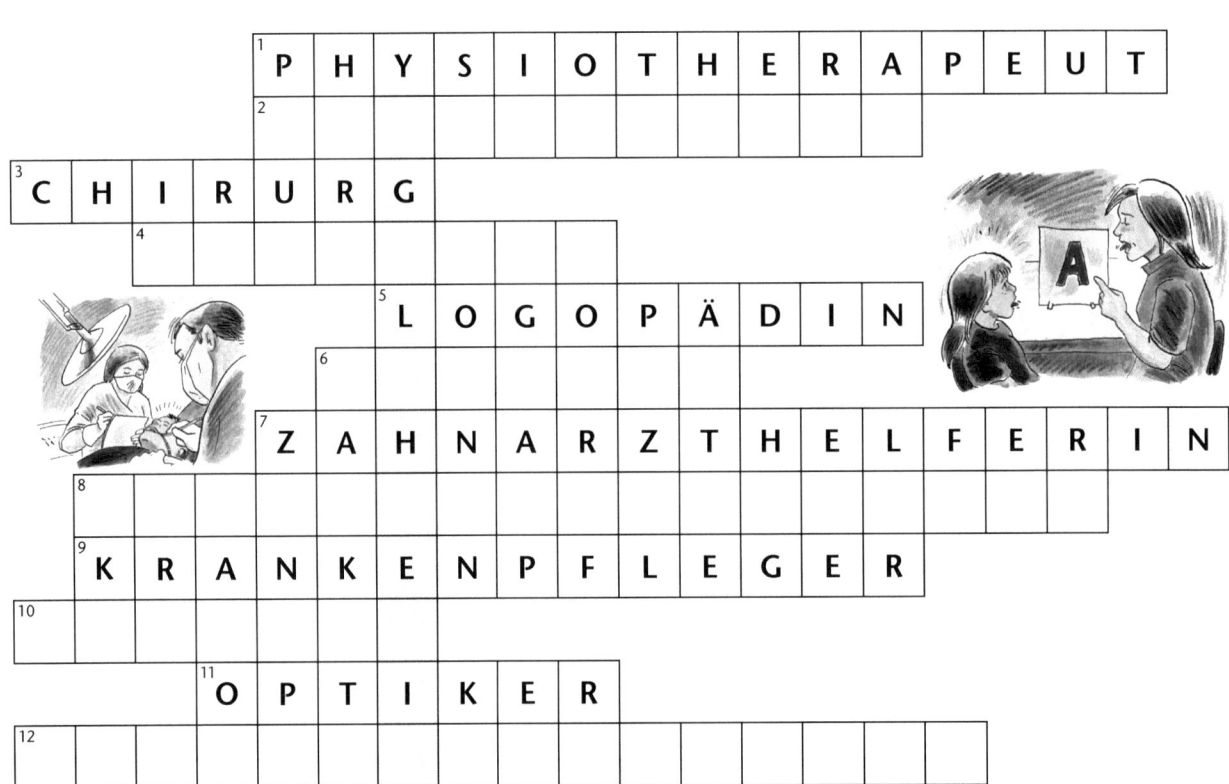

¹P	H	Y	S	I	O	T	H	E	R	A	P	E	U	T

1 PHYSIOTHERAPEUT
3 CHIRURG
5 LOGOPÄDIN
7 ZAHNARZTHELFERIN
9 KRANKENPFLEGER
11 OPTIKER

Lösungswort: _ _ _ _ _ _ _ _ _ _ _ _

Beschreiben Sie den Beruf!

1 Sie haben die eine Hälfte eines Kreuzworträtsels, Ihr/e Partner/in die andere Hälfte.
Fragen Sie sie/ihn nach den fehlenden Berufen und erklären Sie die Berufe, nach denen
Ihr/e Partner/in fragt. Sie dürfen die Berufe selber aber nicht nennen, sondern
Ihr/e Partner/in soll diese anhand Ihrer Beschreibungen herausfinden.
Die Buchstaben in den grauen Feldern ergeben senkrecht das Lösungswort.

Was ist Nummer 2 von Beruf?

Diese Person weiß viel über Medikamente. Wenn man z. B. eine Erkältung hat, kann man zu ihr gehen und sie um Rat fragen. Sie gibt einem auch die Medikamente, die der Arzt verschrieben hat.

2. A P O T H E K E R I N

4. T I E R A R Z T

6. H E B A M M E

8. E R N Ä H R U N G S B E R A T E R

10. M A S S E U R

12. K R A N K E N S C H W E S T E R

Lösungswort: _ _ _ _ _ _ _ _ _ _ _ _

Restaurants präsentieren sich

1 Fragen Sie Ihre Partnerin / Ihren Partner nach den fehlenden Adjektiven in Text A. Ergänzen Sie dann die Adjektive mit der richtigen Endung in Ihrem Text. Beantworten Sie auch die Fragen von Ihrer Partnerin / Ihrem Partner.

Kontrollieren bzw. korrigieren Sie dann gemeinsam mit Ihrer Partnerin / Ihrem Partner die Adjektivendungen.

> *Wie ist die Küche?*

> *Die Küche ist **exklusiv**.*

Ⓐ *Fish & more*

Der Goldene Fisch

Unser Restaurant bietet eine ___*exklusive*___

Küche mit meist _____ Zutaten.

Hier kann in _____ Kreis

lecker gespeist, aber auch mit der ganzen

Familie groß gefeiert werden.

Genießen Sie bei uns _____

Fisch und _____ Steaks mit

_____ Zutaten in einer

_____ Atmosphäre.

Nehmen Sie einfach Platz auf unserer

_____ Außenterrasse und

lassen Sie es sich bei _____

Essen und _____ Weinen an

einem lauen Sommerabend so richtig gut

gehen.

Wir freuen uns darauf, Sie in unserem

Restaurant verwöhnen zu dürfen.

Ⓑ Vegetarisches Restaurant

Die Karotte

Mitten in der Fußgängerzone finden Sie

unser ___*gemütliches*___ Restaurant mit

___*idyllischem*___ Garten.

Größten Wert legen wir auf qualitativ

___*hochwertige*___ Produkte.

Von ___*knackigen*___ Salaten über ein

___*vielfältiges*___ Angebot an Kartoffel-,

Reis- und Nudelgerichten bis hin zu

___*süßen*___ Desserts, Kuchen, Torten

und Eiscreme bekommen Sie bei uns alles,

was Ihren Gaumen erfreut.

Ausschließlich ___*frische*___ Zutaten

werden bei uns verwendet. Außerdem bieten

wir eine ___*breite*___ Auswahl an

___*hervorragenden*___ Weinen.

Unser Restaurant ist auch bestens geeignet

für ___*große*___ Familienfeiern.

2 Schreiben Sie mit Ihrer Partnerin / Ihrem Partner eine (fantasievolle) Werbung für ein Restaurant und präsentieren Sie es der Gruppe.

Restaurants präsentieren sich

1 Fragen Sie Ihre Partnerin / Ihren Partner nach den fehlenden Adjektiven in Text B. Ergänzen Sie dann die Adjektive mit der richtigen Endung in Ihrem Text. Beantworten Sie auch die Fragen von Ihrer Partnerin / Ihrem Partner.

Kontrollieren bzw. korrigieren Sie dann gemeinsam mit Ihrer Partnerin / Ihrem Partner die Adjektivendungen.

Wie ist das Restaurant?

*Das Restaurant ist **gemütlich**.*

Ⓐ *Fish & more*
Der Goldene Fisch

Unser Restaurant bietet eine __exklusive__ Küche mit meist __regionalen__ Zutaten. Hier kann in __kleinem__ Kreis lecker gespeist, aber auch mit der ganzen Familie groß gefeiert werden. Genießen Sie bei uns __frischen__ Fisch und __saftige__ Steaks mit __feinen__ Zutaten in einer __idyllischen__ Atmosphäre. Nehmen Sie einfach Platz auf unserer __gemütlichen__ Außenterrasse und lassen Sie es sich bei __gutem__ Essen und __ausgesuchten__ Weinen an einem lauen Sommerabend so richtig gut gehen.

Wir freuen uns darauf, Sie in unserem Restaurant verwöhnen zu dürfen.

Ⓑ Vegetarisches Restaurant
Die Karotte

Mitten in der Fußgängerzone finden Sie unser __gemütliches__ Restaurant mit _____ Garten.

Größten Wert legen wir auf qualitativ _____ Produkte.

Von _____ Salaten über ein _____ Angebot an Kartoffel-, Reis- und Nudelgerichten bis hin zu _____ Desserts, Kuchen, Torten und Eiscreme bekommen Sie bei uns alles, was Ihren Gaumen erfreut.

Ausschließlich _____ Zutaten werden bei uns verwendet. Außerdem bieten wir eine _____ Auswahl an _____ Weinen.

Unser Restaurant ist auch bestens geeignet für _____ Familienfeiern.

---

2 Schreiben Sie mit Ihrer Partnerin / Ihrem Partner eine (fantasievolle) Werbung für ein Restaurant und präsentieren Sie es der Gruppe.

Was ist fehlerhaft an dem Gerät?

1 Die folgenden Sätze sind Teil eines Gesprächs zwischen Ihnen und einer Kundin / einem Kunden, die/der sich bei Ihnen beschwert.

Sie haben die Sätze der Verkäuferin / des Verkäufers, Ihr/e Partner/in hat die Sätze der Person, die eine Reklamation hat. Zusammen sollen Sie den Dialog rekonstruieren. Lesen Sie sich gegenseitig die Sätze laut vor. Ihr/e Partner/in darf Ihre Sätze aber nicht sehen.

Ihr erster Satz ist mit „1" markiert.

___ Um was für ein Gerät handelt es sich?

___ Natürlich, ich werde Ihnen den Preis des alten Gerätes beim Kauf eines anderen Fabrikats anrechnen.

___ Gern geschehen. Ich bin froh, dass ich Ihnen helfen konnte. Auf Wiedersehen!

___ Ich verstehe. Eine Reparatur ist bei diesem Gerät nicht möglich. Sie können ein neues Gerät bekommen.

1 Guten Tag. Was kann ich für Sie tun?

___ Auch wenn das Wasser kocht?

___ Danke. Und was ist fehlerhaft an dem Gerät?

___ Haben Sie den Kassenbon noch?

___ Sehr gerne. Ihr altes Gerät hat 69 € gekostet und dieses kostet 89 €, Sie müssen also noch 20 € für den Wasserkocher zahlen.

2 Spielen Sie den Dialog.

Was ist fehlerhaft an dem Gerät?

1 Die folgenden Sätze sind Teil eines Gesprächs zwischen Ihnen und einer Verkäuferin / einem Verkäufer.

Sie haben die Sätze der Kundin / des Kunden, Ihr/e Partner/in hat die Sätze der Verkäuferin / des Verkäufers. Zusammen sollen Sie den Dialog rekonstruieren. Lesen Sie sich gegenseitig die Sätze laut vor. Ihr/e Partner/in darf Ihre Sätze aber nicht sehen.

Ihr erster Satz ist mit „1" markiert.

____ Das ist o.k. Vielen Dank.

____ Ja, auch wenn das Wasser kocht. Und das ist sehr gefährlich.

__1__ Guten Tag. Ich habe eine Reklamation.

____ Vielen Dank, dann nehme ich das Gerät hier vorne.

____ Auf Wiedersehen.

____ Kann ich auch ein anderes Fabrikat wählen, diesem Hersteller vertraue ich nicht mehr.

____ Um einen Wasserkocher, diesen Wasserkocher habe ich vor zwei Monaten bei Ihnen gekauft.

____ Ja, natürlich. Hier ist er.

____ Es schaltet sich nicht automatisch aus.

2 Spielen Sie den Dialog.

Was verbinden Sie mit diesen Wörtern?

1 Lesen Sie die drei Wörter. Welches Wort assoziieren Sie mit diesen drei Wörtern?
Schreiben Sie dieses Wort in die Spalte „meine Assoziation". Überlegen Sie nicht zu lange,
denn Sie haben insgesamt nur zehn Minuten Zeit.

Drei Wörter	meine Assoziation	die Assoziation meiner Partnerin / meines Partners
1. Tango, Salsa, Walzer		
2. Berlin, Wien, Paris		
3. Neujahr, Silvester, Feuerwerk		
4. Oktoberfest, München, Bier		
5. verliebt, verlobt, verheiratet		
6. Prüfung, Test, Note		
7. sehr gut, super, ausgezeichnet		
8. feiern, trinken, essen		
9. Döner, Pizza, Wurst		
10. Angst, Freude, Trauer		
11. Urlaub, Insel, Sonne		
12. Deutschland, Fußball, Bayern		
13. Firma, Chef, Meeting		
14. Afrika, Musik, Trommeln		
15. Sekt, Champagner, Wein		
16. schlafen, aufstehen, frühstücken		
17. schwarz, rot, gelb		
18. Sommer, Wochenende, Picknick		
19. Kino, Museum, Theater		
20. Karneval, Musik, Fußball		

2 Vergleichen Sie Ihre Assoziationen mit denen Ihrer Partnerin / Ihres Partners und schreiben
Sie diese in die dritte Spalte. Tauschen Sie sich auch darüber aus, warum Sie diese Assoziation
hatten. Wie oft hatten Sie dieselbe Assoziation?

Was ist Ihre Assoziation zu „Tango, Salsa, Walzer"?

Ich hatte sofort die Asssoziation …

Das ist ja interessant. Warum haben Sie diese Assoziation?

Was verbinden Sie mit diesen Wörtern?

1 Lesen Sie die drei Wörter. Welches Wort assoziieren Sie mit diesen drei Wörtern? Schreiben Sie dieses Wort in die Spalte „meine Assoziation". Überlegen Sie nicht zu lange, denn Sie haben insgesamt nur zehn Minuten Zeit.

Drei Wörter	meine Assoziation	die Assoziation meiner Partnerin / meines Partners
1. Tango, Salsa, Walzer		
2. Berlin, Wien, Paris		
3. Neujahr, Silvester, Feuerwerk		
4. Oktoberfest, München, Bier		
5. verliebt, verlobt, verheiratet		
6. Prüfung, Test, Note		
7. sehr gut, super, ausgezeichnet		
8. feiern, trinken, essen		
9. Döner, Pizza, Wurst		
10. Angst, Freude, Trauer		
11. Urlaub, Insel, Sonne		
12. Deutschland, Fußball, Bayern		
13. Firma, Chef, Meeting		
14. Afrika, Musik, Trommeln		
15. Sekt, Champagner, Wein		
16. schlafen, aufstehen, frühstücken		
17. schwarz, rot, gelb		
18. Sommer, Wochenende, Picknick		
19. Kino, Museum, Theater		
20. Karneval, Musik, Fußball		

2 Vergleichen Sie Ihre Assoziationen mit denen Ihrer Partnerin / Ihres Partners und schreiben Sie diese in die dritte Spalte. Tauschen Sie sich auch darüber aus, warum Sie diese Assoziation hatten. Wie oft hatten Sie dieselbe Assoziation?

Was ist Ihre Assoziation zu „Tango, Salsa, Walzer"?

Ich hatte sofort die Asssoziation …

Das ist ja interessant. Warum haben Sie diese Assoziation?

Wofür nutzen Sie Ihr „CanAll-Phone"?

1 Die Firma YXnet, Hersteller moderner „CanAll-Phones", hat in einer groß angelegten Umfrage die Frage untersucht: Wofür setzen die Käufer die Geräte ein?

Fragen Sie Ihre Partnerin / Ihren Partner nach den fehlenden Informationen und tragen Sie die fehlenden Kategorien bzw. Balken und Prozentzahlen in die Grafik ein.

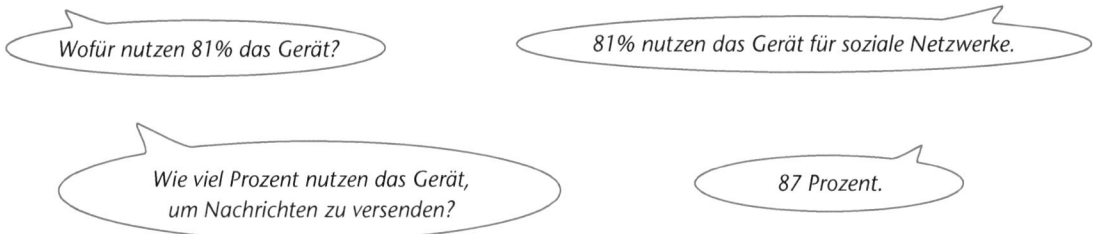

Wofür nutzen 81% das Gerät?

81% nutzen das Gerät für soziale Netzwerke.

Wie viel Prozent nutzen das Gerät, um Nachrichten zu versenden?

87 Prozent.

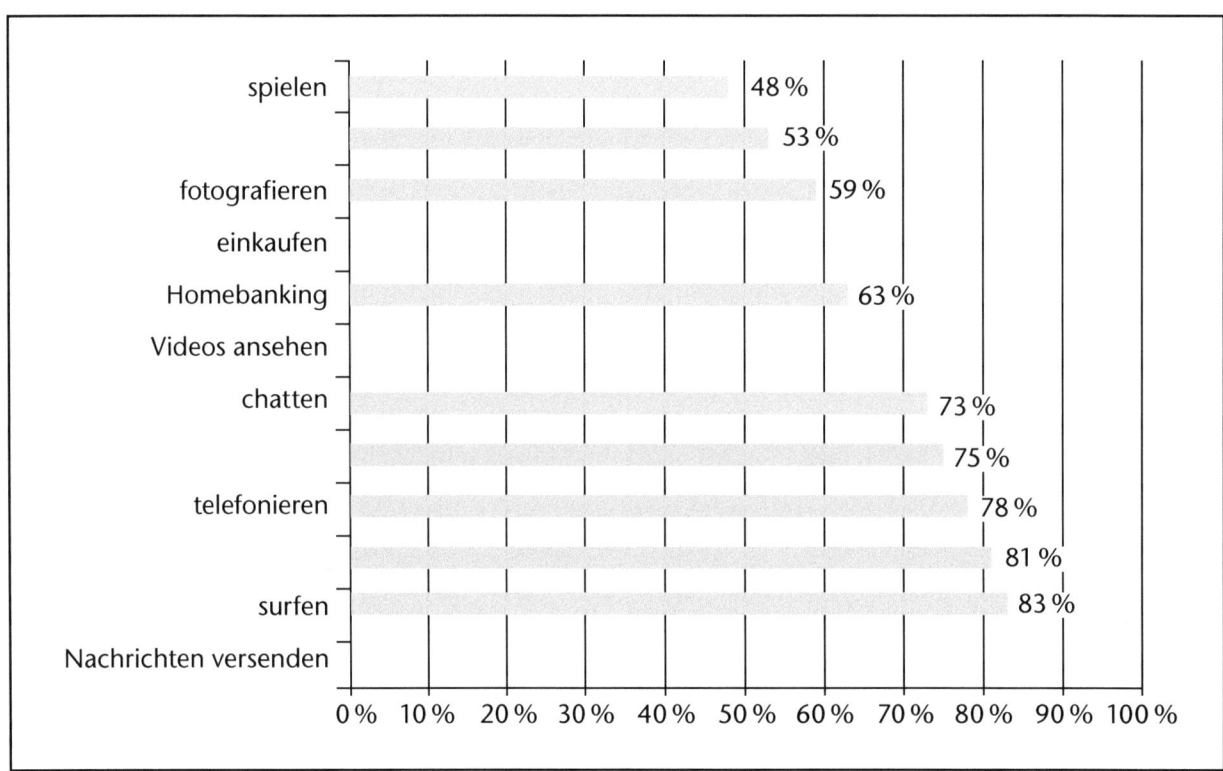

2 Suchen und korrigieren Sie die drei Fehler in Ihrem Text. Vergleichen Sie dann Ihren Text mit dem Ihrer Partnerin / Ihrem Partner.

An erster Stelle nennen die Befragten: Nachrichten versenden per E-Mail oder SMS (91%). Direkt dahinter steht das Surfen im Internet (83%) und Soziale Netzwerke (81%). Das Telefonieren steht mit 78% erst auf dem vierten Platz. Genau zwei Drittel der Befragten nutzen das Gerät als Terminplaner, etwas weniger (73%) setzen es ein, um zu chatten. 69% haben angegeben, dass sie mit ihrem Gerät Videos anschauen und 63% benutzen es für Homebanking. 59% kaufen mit dem Gerät im Internet ein, genauso viele nutzen das Gerät zum Fotografieren. Etwas mehr als die Hälfte (53%) hören mit ihrem „CanAll-Phone" Musik und über die Hälfte (48%) nutzt das Gerät zum Spielen.

Wofür nutzen Sie Ihr „CanAll-Phone"?

1 Die Firma YXnet, Hersteller moderner „CanAll-Phones", hat in einer groß angelegten Umfrage die Frage untersucht: Wofür setzen die Käufer die Geräte ein?

Fragen Sie Ihre Partnerin / Ihren Partner nach den fehlenden Informationen und tragen Sie die fehlenden Kategorien bzw. Balken und Prozentzahlen in die Grafik ein.

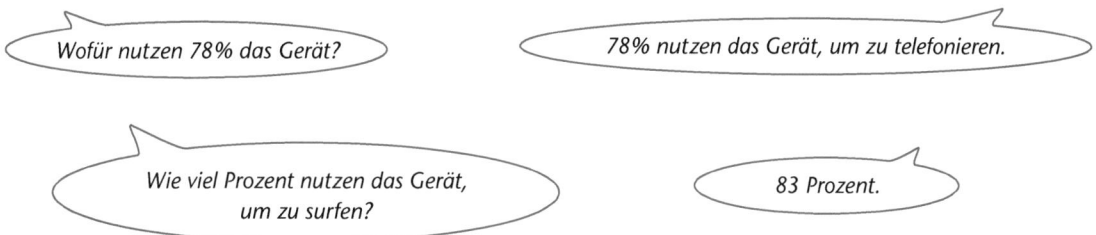

> Wofür nutzen 78% das Gerät?

> 78% nutzen das Gerät, um zu telefonieren.

> Wie viel Prozent nutzen das Gerät, um zu surfen?

> 83 Prozent.

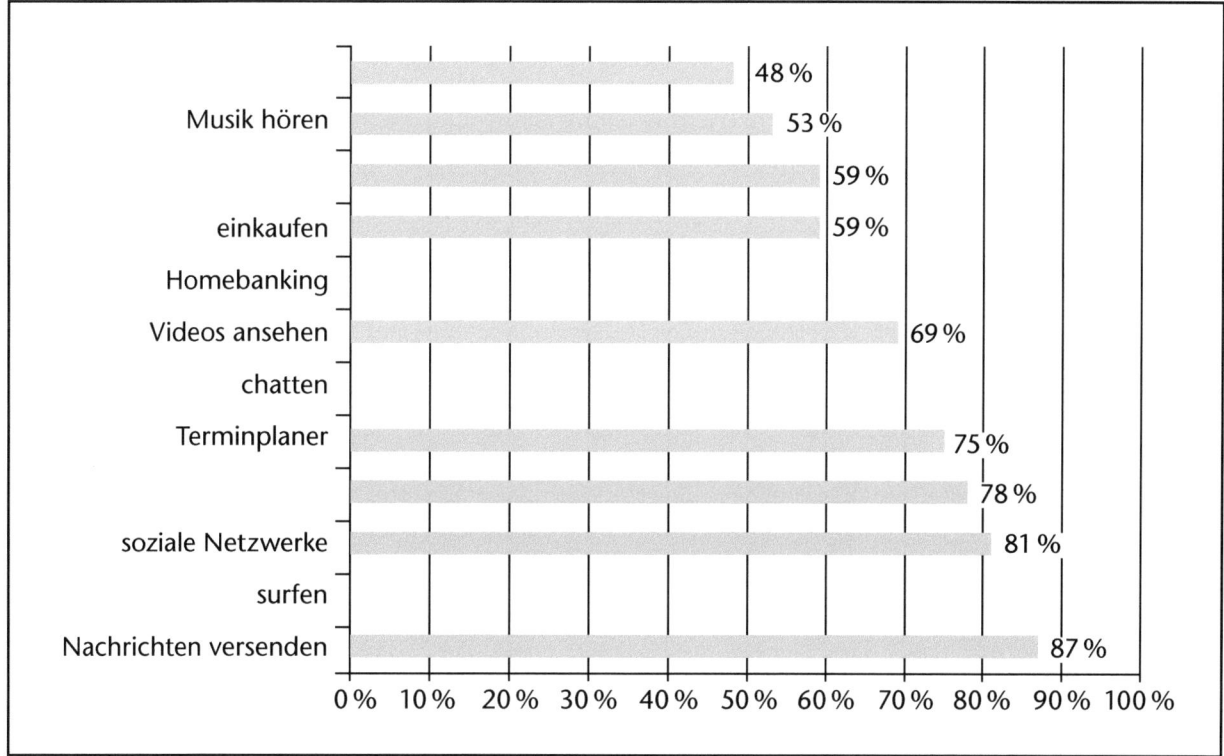

2 Suchen und korrigieren Sie die drei Fehler in Ihrem Text. Vergleichen Sie dann Ihren Text mit dem Ihrer Partnerin / Ihrem Partner.

An erster Stelle nennen die Befragten: Nachrichten versenden per E-Mail oder SMS (87%). Direkt dahinter steht das Surfen im Internet (83%) und Soziale Netzwerke (81%). Das Telefonieren steht mit 78% erst auf dem fünften Platz. Genau drei Viertel der Befragten nutzen das Gerät als Terminplaner, etwas weniger (71%) setzen es ein, um zu chatten. 69% haben angegeben, dass sie mit ihrem Gerät Videos anschauen und 63% benutzen es für Homebanking. 59% kaufen mit dem Gerät im Internet ein, genauso viele nutzen das Gerät zum Fotografieren. Etwas weniger als die Hälfte (53%) hören mit ihrem „CanAll-Phone" Musik und knapp die Hälfte (48%) nutzt das Gerät zum Spielen.

Der „ideale" Partner

1 Arbeiten Sie zunächst allein.
Was ist für Sie bei der Partnerwahl wichtig?
Wählen Sie aus der Liste unten acht Punkte aus
und markieren sie diese mit X in der 2. Spalte.

Vergleichen Sie Ihre Prioritäten mit denen
Ihrer Partnerin / Ihres Partners und markieren
Sie diese mit X in der 3. Spalte.
Diskutieren Sie jetzt die Prioritäten und einigen
Sie sich auf die fünf wichtigsten Kriterien. Bringen Sie diese zum Abschluss in eine Rangliste
von 1–5 (1 = wichtigster Punkt).

Kriterien	meine Auswahl	Auswahl von Partner/in	unsere gemeinsame Auswahl
sieht gut aus			
ist humorvoll			
mag Kinder			
hat dieselben Interessen			
kann gut zuhören			
kann gut kochen			
ist gebildet			
hat einen gut bezahlten Job			
spricht meine Muttersprache			
ist geduldig			
hat einen ähnlichen sozialen Hintergrund			
ist sportlich			
reist gern			
ist treu			
ist unternehmungslustig			
ist häuslich			

2 Schreiben Sie zusammen mit Ihrer Partnerin / Ihrem Partner anhand Ihrer Prioritätenliste eine
Anzeige für eine Partnerbörse.

Der „ideale" Partner

1 Arbeiten Sie zunächst allein.
Was ist für Sie bei der Partnerwahl wichtig?
Wählen Sie aus der Liste unten acht Punkte aus
und markieren sie diese mit X in der 2. Spalte.

Vergleichen Sie Ihre Prioritäten mit denen
Ihrer Partnerin / Ihres Partners und markieren
Sie diese mit X in der 3. Spalte.
Diskutieren Sie jetzt die Prioritäten und einigen
Sie sich auf die fünf wichtigsten Kriterien. Bringen Sie diese zum Abschluss in eine Rangliste
von 1–5 (1 = wichtigster Punkt).

Kriterien	meine Auswahl	Auswahl von Partner/in	unsere gemeinsame Auswahl
sieht gut aus			
ist humorvoll			
mag Kinder			
hat dieselben Interessen			
kann gut zuhören			
kann gut kochen			
ist gebildet			
hat einen gut bezahlten Job			
spricht meine Muttersprache			
ist geduldig			
hat einen ähnlichen sozialen Hintergrund			
ist sportlich			
reist gern			
ist treu			
ist unternehmungslustig			
ist häuslich			

2 Schreiben Sie zusammen mit Ihrer Partnerin / Ihrem Partner anhand Ihrer Prioritätenliste eine
Anzeige für eine Partnerbörse.

Wenn das Auto nicht so teuer gewesen wäre, ...

1 Fragen Sie und beantworten Sie die Fragen Ihrer
Partnerin / Ihres Partners wie im Beispiel.
Benutzen Sie den Konjunktiv II. Beachten Sie die
unterschiedlichen Zeiten.

1 *Haben Sie das Auto gekauft?*

2 *Nein, ich habe keine Zeit. Ich muss zu einer Besprechung gehen.*
Wenn ich nicht zu der Besprechung gehen müsste,
würde ich mit in die Kantine kommen.

3 *Machen Sie im August Urlaub?*

4 *Nein, er hat die Prüfung nicht bestanden, weil er sich nicht gut vorbereitet hat.*
Wenn er sich besser _____,
hätte er _____

5 *Haben Sie sich für den Englischkurs angemeldet?*

6 *Nein, ich gehe nicht ins Konzert. Ich habe keine Karten mehr bekommen.*
Wenn ich _____,
_____

7 *Machen Sie die Weiterbildung nächste Woche?*

8 *Nein, ich habe nicht mit ihm gesprochen. Er war heute nicht im Büro.*
Wenn er im Büro _____,
_____

9 *Ist Claudia nach Australien geflogen?*

10 *Nein, ich hatte Kopfschmerzen. Deshalb bin ich nicht zur Party gegangen.*
Hätte ich _____,
_____

Wenn das Auto nicht so teuer gewesen wäre, …

1 Fragen Sie und beantworten Sie die Fragen Ihrer Partnerin / Ihres Partners wie im Beispiel. Benutzen Sie den Konjunktiv II. Beachten Sie die unterschiedlichen Zeiten.

1 *Nein, ich habe das Auto nicht gekauft. Es war zu teuer.*
***Wenn** das Auto nicht so teuer **gewesen wäre**,*
***hätte** ich es **gekauft**.*

2 *Kommen Sie mit in die Kantine?*

3 *Nein, ich mache im August keinen Urlaub. Ich muss **arbeiten**.*
__Wenn__ ich nicht _____ ,
__würde__ ich _____

4 *Hat Dirk die Prüfung bestanden?*

5 *Nein, ich konnte mich nicht mehr anmelden, weil der Kurs schon voll war.*
__Wenn__ der Kurs _____ ,
_____

6 *Gehen Sie in das Konzert am Samstag?*

7 *Nein, ich mache die Weiterbildung nicht. Ich muss mein Projekt beenden.*
__Wenn__ ich _____ ,
_____

8 *Haben Sie mit Ihrem Chef gesprochen?*

9 *Nein, sie ist nicht nach Australien geflogen, weil der Flug zu teuer war.*
__Wäre__ der Flug _____ ,
_____

10 *Waren Sie am Samstag auf der Party?*

Stellen Sie die richtigen Fragen!

1 Sie sehen unten 15 Antworten. Formulieren Sie Ihre Fragen so, dass Ihr/e Partner/in mit diesen Wörtern antwortet. Überlegen Sie nicht zu lange, denn für alle Fragen haben Sie insgesamt nur 10 Minuten Zeit.
Markieren Sie in der rechten Spalte mit ✓, wenn Ihr/e Partner/in mit den angegebenen Wörtern antwortet.

> A: Was haben Sie heute Morgen getrunken?

> B: Kaffee.

Antwort	Ja	Nein
1. Kaffee	✓	
2. rot		
3. im Sommer		
4. der Weihnachtsmann		
5. mit dem Auto		
6. von Goethe		
7. das Zeugnis		
8. ein Workaholic		
9. der Lebenslauf		
10. in Österreich		
11. vor drei Jahren		
12. sehr teuer		
13. mehr als 10 Stunden		
14. um 20:00 Uhr		
15. auf dem Balkon		

2 Überlegen Sie gemeinsam mit Ihrer Partnerin / Ihrem Partner geeignete Fragen für die Antworten, für die Sie keine passenden Fragen gefunden haben.

Stellen Sie die richtigen Fragen!

1 Sie sehen unten 15 Antworten. Formulieren Sie Ihre Fragen so, dass Ihr/e Partner/in mit diesen Wörtern antwortet. Überlegen Sie nicht zu lange, denn für alle Fragen haben Sie insgesamt nur 10 Minuten Zeit.
Markieren Sie in der rechten Spalte mit ✓, wenn Ihr/e Partner/in mit den angegebenen Wörtern antwortet.

> B: Wie heißt die Hauptstadt von Deutschland?

> A: Berlin.

Antwort	Ja	Nein
1. Berlin	✓	
2. ins Fitnessstudio		
3. Basketball		
4. 1990		
5. mit links		
6. bei Regen		
7. in Istanbul		
8. von Picasso		
9. mit dem Fallschirm		
10. am Bodensee		
11. letztes Jahr		
12. sehr lustig		
13. nach Hause		
14. niemals		
15. während seines Studiums		

2 Überlegen Sie gemeinsam mit Ihrer Partnerin / Ihrem Partner geeignete Fragen für die Antworten, für die Sie keine passenden Fragen gefunden haben.

Quellenverzeichnis

S. 8/9	iStock Jaimie Duplass; shutterstock.com; iStock Steve Luker; iStock Sharon Dominick
S. 16/17	shutterstock.com; fotolia.com Inga Nielsen; shutterstock.com digieye; pixelio.de Jakob Ehrhardt; shutterstock.com Petoo; shutterstock.com; shutterstock.com; shutterstock.com Bomshtein; pixelio.de W. R. Wagner; shutterstock.com; pixelio.de Viktor Mildenberger
S. 18/19	shutterstock.com OxfordSquare; fotolia.com Magda Thiele; lkg afa; shutterstock.com Ruslan Semichev
S. 20/21	pixelio.de Rudolpho Duba; shutterstock.com; corel2 Scenic Austria; pixelio.de Peter von Bechen
S. 22	pixelio.de Marzahn Bardewyk; pixelio.de
S. 23	fotolia.com Martina Berg; pixelio.de Nicolai Fleckenstein
S. 24/25/28/29	Annalisa Scarpa-Diewald
S. 30/31	shutterstock.com DCD; pixelio.de Sven-Richter; shutterstock.com Ipatov; shutterstock.com Sam Chadwick; shutterstock.com
S. 32/33	shutterstock.com
S. 34/35	fotolia.com Otishewolf
S. 36/37	shutterstock.com
S. 38/39	fotolia.com Olaf Wandruschka; corbisRF
S. 40/41	Zeichnung von Ursula Lebherz
S. 42/43	shutterstock.com Selena; Albert Ringer
S. 44/45	Zeichnung von Ursula Lebherz
S.46/47	Lutz Rohrmann; Pavel Losevsky; Lutz Rohrmann
S. 48/49	shutterstock.com; fotolia.com; fotolia.com contrastwerkstatt
S. 50/51	shutterstock.com glo; shutterstock.com Oleksiy Mark; shutterstock.com; shutterstock.com
S. 52/53	shutterstock.com; fotolia.com; fotolia.com Digipic
S. 56	shutterstock.com CandyBoxPhoto
S. 57	Sabine Reiter
S. 58	shutterstock.com Kucherenko Olena
S. 59	iStock Acilo
S. 60	shutterstock.com Patrizia Tilly; shutterstock.com prodakszyn; shutterstock.com Chase
S. 61	pixelio.de Peter; shutterstock.com; fotolia.com Tyler Olson
S. 62/63	fotolia.com Alterfalter
S. 72	shutterstock.com Huguette Roe
S. 73	fotolia.com TrudiDesign
S. 74/75	shutterstock.com; fotolia.com Momentum
S. 76	Lufthansa; iStock Nicholas; shutterstock.com
S. 77	shutterstock.com Yuri Arcurs; fotolia.com Jaimie Duplass; mauritius
S. 82	fotolia.com artsocks; fotolia.com Eisenhans; shutterstock.com; shutterstock.com Protsenko; fotolia.com vichi81
S. 83	fotolia.com rupbilder; fotolia.com Coprid; fotolia.com Prill mediendesign; fotolia.com terex; shutterstock.com Plati; iStockphoto
S. 84/85	shutterstock.com Ersler Dmitry; Albert Ringer
S. 90/91	iStock Jack Puccio; fotolia.com Wariatka; iStock Pavel Losevsky
S. 92/93	Annalisa Scarpa-Diewald
S. 98/99	shutterstock.com MonkeyBusiness
S. 100/101	shutterstock.com iofoto